L'ÉCOLE DES AFFAIRES POUR LES GENS QUI AIMENT AIDER LES GENS

Les huit valeurs essentielles à la réussite d'une entreprise de marketing de réseaux, en plus de gagner de l'argent

Données de catalogage avant publication (Canada)

Kiyosaki, Robert T., 1947-

L'école des affaires pour aider les gens qui aiment aider les gens: les huit valeurs essentielles à la réussite d'une entreprise de marketing de réseaux, en plus de gagner de l'argent

(Collection Réussite financière)

Traduction de: The business school for people who like helping people.
Comprend des références bibliographiques

ISBN 2-89225-488-4

1. Réseaux d'affaires. 2. Succès dans les affaires. 3. Enseignement commercial. I. Lechter, Sharon L. II. Titre. III. Collection.

HD69.S8K5914 2002   650.1'3   C2002-940439-8

Cet ouvrage a été publié en langue anglaise sous le titre original:
THE BUSINESS SCHOOL FOR PEOPLE WHO LIKE HELPING PEOPLE
Published by TechPress, Inc. in association with CASHFLOW Technologies, Inc.
4330 N. Civic Center Plaza, Suite 101, Scottsdale, AZ 85251
"CASHFLOW" and Rich Dad are trademarks of CASHFLOW Technologies, Inc.

©, Les éditions Un monde différent ltée, 2002
Pour l'édition en langue française

Dépôts légaux: 2e trimestre 2002
Bibliothèque nationale du Québec
Bibliothèque nationale du Canada
Bibliothèque nationale de France

Conception graphique originale de la couverture:
IMAGESUPPORT.COM, LLC, SCOTTSDALE, ARIZONA

Adaptation graphique de la couverture en français:
OLIVIER LASSER

Version française:
JEAN-PIERRE MANSEAU

Photocomposition et mise en pages:
COMPOSITION MONIKA, QUÉBEC

ISBN 2-89225-488-4

(Édition originale: TechPress, Inc. et CASHFLOW Technologies, Inc. Scottsdale, Arizona)

Nous reconnaissons l'aide financière du gouvernement du Canada par l'entremise du Programme d'Aide au Développement de l'Industrie de l'Édition pour nos activités d'édition (PADIÉ).

Imprimé au Canada

Robert T. Kiyosaki et Sharon L. Lechter

L'ÉCOLE DES AFFAIRES POUR LES GENS QUI AIMENT AIDER LES GENS

Les huit valeurs essentielles à la réussite d'une entreprise de marketing de réseaux, en plus de gagner de l'argent

Les éditions Un monde différent ltée
3925, Grande-Allée
Saint-Hubert (Québec)
Canada J4T 2V8
Tél.: (450) 656-2660
Site Internet: *http://www.umd.ca*
Courriel: *info@umd.ca*

Table des matières

Introduction

obert T. Kiyosaki, auteur des livres à succès *Père riche, père pauvre, Père riche, père pauvre (la suite): Le Quadrant du Cashflow*, Rich Dad's Guide to Investing et Rich Kid, Smart Kid*, est également un conférencier et un pédagogue reconnu internationalement quand il s'agit de parler d'argent. Comme l'a déclaré J.P. Morgan dans le *Wall Street Journal:* «Même les millionnaires se doivent de lire *Père riche, père pauvre*». On a pu lire aussi dans le *USA Today* que le livre *Père riche, père pauvre* est «un point de départ pour tous ceux qui cherchent à prendre le contrôle de leur avenir financier».

Robert dit souvent: «Nous allons à l'école pour apprendre à travailler dur pour gagner de l'argent. J'écris des livres et je crée des produits qui enseignent aux gens comment faire en sorte que l'argent travaille entièrement à leur service... afin qu'ils puissent jouir des petits plaisirs de la vie dans ce monde formidable où nous vivons.»

En effet, les livres de Robert T. Kiyosaki et ses jeux de société financiers *CASHFLOW 101, 202* et *CASHFLOW for KIDS*

---

*   Publiés aux éditions Un monde différent, à Saint-Hubert, en 2000 et 2001.

ont connu un succès phénoménal. *Père riche, père pauvre* est maintenant disponible en plus de 35 langues. Robert attribue en partie ce succès à l'industrie du marketing de réseaux. Bien que nous n'ayons pas ciblé l'industrie du marketing de réseaux, cette dernière nous a prêté son incroyable appui et a approuvé notre message selon lequel les gens ont besoin de prendre le contrôle de leur propre avenir financier.»

Quoique Robert ne souscrive à aucune organisation de marketing de réseaux en particulier, il reconnaît la valeur des opportunités que cette industrie a à offrir et il met ces valeurs au premier plan dans ce livre: *L'École des affaires pour les gens qui aiment aider les gens.*

«Il n'a jamais été aussi facile de devenir riche», dit-il. «Il m'a fallu plus de 30 ans et deux faillites d'entreprises pour acquérir l'expérience et l'éducation nécessaires pour créer une entreprise couronnée de succès. L'industrie du marketing de réseaux offre une formule d'entreprise toute faite à quiconque veut prendre le contrôle de son avenir financier.

«Mon père riche m'a enseigné que l'un des mots les plus puissants dans le monde des affaires est le mot "réseau". Il disait: "Les gens les plus riches du monde recherchent et bâtissent des réseaux pendant que tous les autres cherchent du travail. Vous pourriez avoir la meilleure des idées ou le produit le plus attrayant à offrir, mais vous n'aurez de succès que si vous possédez un réseau pour en faire part aux gens et un réseau de distribution pour vendre votre produit ou service."»

Plusieurs organisations dans l'industrie du marketing de réseaux essaient aujourd'hui de garder leurs distances par rapport à l'expression «marketing de réseaux», car elles croient que cette dernière a une connotation négative et voire péjorative. Par contraste, Robert T. Kiyosaki met en relief le mot «réseau» comme étant la véritable clef de la réussite financière.

Dans le second livre de la collection Père riche, *Père riche, père pauvre (la suite): Le Quadrant du CASHFLOW*, Robert décrit les quatre types de gens qui composent le monde des affaires et les différentes valeurs fondamentales qui existent entre eux.

Le E correspond à «employé». Le T à «travailleur autonome» ou à «propriétaire de petite entreprise». Le P à «propriétaire d'entreprise» et le I à «investisseur». Ces quatre quadrants représentent la source de revenus des gens.

Les écoles traditionnelles vous forment en fonction du côté gauche du Quadrant, à être des employés ou des travailleurs autonomes, et à apprendre à travailler dur pour gagner votre argent. Les livres et les jeux de Robert T. Kiyosaki vous forment en fonction du côté droit du Quadrant, à être des propriétaires d'entreprises et des investisseurs, là où votre entreprise et votre argent travaillent dur à votre service. Robert appuie l'industrie du marketing de réseaux parce qu'elle vous aide à créer une entreprise P sur le côté droit du Quadrant.

Si on examine de près le Quadrant, Robert fait remarquer que sur le côté gauche du Quadrant, les employés et les travailleurs autonomes représentent des gens qui gagnent de l'argent par leurs propres moyens, en tant qu'individus. Cela

11

signifie que leur potentiel de revenus est limité, restreint à leurs propres habiletés et au temps qui leur est alloué pour performer. Il n'y a qu'un certain nombre d'heures dans une journée. D'autre part, les gens prospères sur le côté droit du Quadrant travaillent comme une équipe. Ils créent leurs propres réseaux pour réussir. Leur revenu potentiel est illimité car il est basé sur le temps et l'argent d'autres personnes qui travaillent pour eux.

Dans un milieu de travail

Le revenu potentiel des individus est limité

Dans un réseau

On travaille en équipe et le revenu potentiel est illimité

Examinons ensemble le mot «réseau». Pensez à quelques-unes des entreprises les plus prospères que vous connaissez et évaluez à quel point leur réussite est attribuable à leurs réseaux de clients, de vendeurs, de fournisseurs, etc. Nous appelons les chaînes de télévision nationale des réseaux de télévision. Internet est aussi un réseau.

La clef de votre réussite financière consiste peut-être à vous joindre à un réseau ou à en bâtir un?

Le succès, la renommée et la fortune semblaient nous sourire à mes deux associés et à moi-même.

Eh oui, nous avions atteint notre objectif qui était de devenir millionnaires avant d'atteindre l'âge de 30 ans, et dans les années 70, un million de dollars c'était quelque chose. Des articles ont paru concernant mon entreprise et mes produits dans des revues telles que *Surfer, Runner's World* et *Gentleman's Quarterly*. Nous offrions les nouveaux produits à la mode dans le monde des articles de sport, et les commandes se sont mises à affluer de partout à travers le monde. Ma première entreprise internationale était pleine d'avenir et je n'ai plus pensé à l'industrie du marketing de réseaux pendant 15 ans.

J'ai changé d'idée

Puis un jour, au début des années 90, un ami que je respecte pour sa sagesse financière et sa réussite en affaires m'a dit qu'il était dans le domaine du marketing de réseaux. Bill était déjà très riche grâce à ses investissements dans l'immobilier, alors ça m'a intrigué de savoir pourquoi il faisait aussi du marketing de réseaux. Par curiosité, je lui ai demandé: «Pourquoi es-tu dans ce genre d'entreprise? Tu n'as pas besoin de cet argent, n'est-ce pas?»

Après avoir ri très fort, Bill m'a dit: «Tu sais que j'aime faire de l'argent mais je ne suis pas dans ce domaine parce que j'ai besoin d'argent. Mes finances sont florissantes.»

Je savais que Bill venait tout juste de mener à bien certains projets dans le secteur de l'immobilier commercial pour une valeur de plus d'un milliard de dollars au cours des deux dernières années, je savais également à quel point il se débrouillait bien. Toutefois, sa réponse plutôt vague a piqué encore plus ma curiosité si bien que j'ai donc persévéré en lui demandant: «Pourquoi es-tu alors dans le domaine du marketing de réseaux?

– Cela s'appelle une entreprise de distribution aux consommateurs» a-t-il répliqué, «nous n'appelons plus cela du marketing de réseaux.

– Peu importe», ai-je répondu. «Quel que soit le nom que tu lui donnes, dis-moi pourquoi, toi, entre tous ces gens, tu te retrouves dans ce genre d'entreprise?»

Bill a réfléchi pendant un long moment puis il a parlé lentement, à la manière texane: «Depuis des années, les gens me demandent des conseils pour l'investissement dans l'immobilier. Ils veulent savoir comment devenir riches en investissant dans l'immobilier. Plusieurs veulent savoir s'ils peuvent investir avec moi, ou s'ils peuvent obtenir des biens immobiliers sans argent comptant.

Faisant signe que oui, j'ai dit: «On me pose les mêmes questions.

– Le problème est que...», a enchaîné Bill, la plupart des gens ne peuvent pas investir avec moi car ils n'ont pas suffisamment d'argent pour pouvoir participer à mes investissements. Et la raison pourquoi ils veulent souvent une transaction sans argent comptant c'est qu'ils n'ont pas du tout d'argent. Ou bien ils n'ont pas suffisamment d'argent pour participer à l'une de mes transactions, ou bien ils n'ont tout simplement pas d'argent à mettre sur la table.

– Tu veux dire qu'ils n'ont pas d'argent, ou s'ils en ont, ils n'en ont pas assez pour que tu puisses leur venir en aide. Ils ne sont pas suffisamment riches pour ton type d'investissements?» ai-je dit.

Bill a approuvé: «Et en plus de tout cela, s'ils ont un peu d'argent, ce sont leurs économies de toute une vie et ils ont souvent très peur de perdre cet argent qu'ils possèdent. Et tu sais tout aussi bien que moi qu'une personne qui a peur de perdre, perd le plus souvent.»

Ma conversation avec Bill s'est prolongée encore pendant quelques minutes, mais j'ai dû bientôt filer vers l'aéroport. Je n'étais pas encore sûr de comprendre pourquoi il était dans le domaine du marketing de réseaux, mais mon esprit fermé commençait à s'ouvrir. Je voulais découvrir pourquoi il était dans le marketing de réseaux, ou dans cette entreprise de distribution aux consommateurs, comme il l'appelait.

Au cours des mois suivants, mon dialogue avec Bill a continué. J'ai commencé lentement à comprendre ses raisons. Les principales raisons de Bill étaient les suivantes:

1. **Il voulait aider les gens**. C'était la raison primordiale de sa participation à l'entreprise. Bien qu'étant très riche, il n'était pas un homme arrogant ou cupide.

2. **Il voulait s'aider lui-même**. «Vous devez être riches pour investir avec moi. J'ai pris conscience que si j'aidais plus de gens à devenir riches, j'aurais alors davantage d'investisseurs.» Bill a poursuivi ensuite: «L'ironie c'est que plus j'aidais d'autres personnes à devenir riches en lançant leurs propres entreprises, plus mon entreprise à moi s'est agrandie ... et je suis devenu plus riche. À présent, j'ai une entreprise prospère de distribution aux consommateurs, plus d'investisseurs, et davantage de mon propre argent à investir. Donc, une situation bénéfique à tous.

   «Voilà pourquoi au cours des dernières années j'ai commencé à investir dans des projets immobiliers beaucoup plus importants. Comme vous le savez, il est difficile de devenir vraiment riches en investissant dans de petites transactions immobilières. Cela peut se faire, mais si vous n'avez pas beaucoup d'argent, vous ne pourrez obtenir que les transactions immobilières dont ne veulent pas les gens qui ont de l'argent.»

3. **Il aime enseigner et apprendre.** «J'aime travailler avec des gens qui veulent apprendre. Il est épuisant de travailler avec des gens qui croient tout connaître, et dans mon monde de l'investissement immobilier, je travaille avec beaucoup de ces gens-là. Il est difficile de travailler avec quelqu'un qui connaît toutes les réponses. Selon moi, les gens qui se joignent au marketing de réseaux recherchent de nouvelles réponses et sont disposés à apprendre. J'aime enseigner, apprendre et partager de nouvelles idées avec des gens enthousiasmés par leur apprentissage en cours. Comme vous le savez, j'ai un diplôme en comptabilité et une maîtrise en administration des affaires. Ce genre d'entreprise m'offre la chance d'enseigner aux autres ce que je sais et de continuer d'apprendre en compagnie des autres.

«Vous seriez surpris du grand nombre de gens brillants et instruits qui œuvrent au sein de cette entreprise et dont les antécédents professionnels sont très différents. Il y a aussi bien des gens qui n'ont pas de formation systématique, et qui sont dans l'entreprise pour acquérir l'éducation formelle dont ils ont besoin pour obtenir la sécurité financière dans un monde où il y a de moins en moins de sécurité d'emploi. Nous nous rassemblons et nous partageons ce que nous apprenons ensemble et ce que nous savons déjà grâce à nos expériences de vie. J'aime enseigner, j'aime apprendre, et c'est pourquoi j'aime ce genre d'entreprise. C'est une formidable entreprise et une extraordinaire école commerciale de la "vraie vie".»

Un esprit ouvert

Donc, au début des années 90, mon esprit a commencé à s'ouvrir et mon point de vue sur l'industrie s'est mis à changer. J'ai commencé à saisir des choses que mon esprit fermé à ce genre d'entreprise n'avait pu voir auparavant. Je me suis mis à voir les choses qui sont bonnes et positives dans cette industrie plutôt que les éléments négatifs... car il y a du négatif au sein de cette industrie. Mais là encore, il y a du négatif dans presque tous les domaines.

Après avoir pris ma retraite en 1994, et être devenu indépendant sur le plan financier à l'âge de 47 ans, j'ai entrepris mes propres recherches concernant l'industrie du marketing de réseaux. Chaque fois que quelqu'un m'invitait à une de ses présentations, je m'y rendais simplement pour écouter ce qu'il avait à dire. Je me suis joint à quelques entreprises quand ce qu'elles disaient me plaisait. Mais je ne l'ai pas fait nécessairement pour gagner davantage d'argent; je me suis joint à elles pour examiner de très près les aspects positifs et négatifs de chaque entreprise. Plutôt que de me fermer l'esprit, j'ai voulu trouver mes propres réponses.

Puis, après avoir examiné plusieurs entreprises, j'y ai vu les aspects négatifs que la plupart des gens remarquent au premier coup d'œil, tels ces gens étranges qui au début se joignent à l'entreprise et en font la promotion. Il est vrai que plusieurs rêveurs, des arnaqueurs, des escrocs, des perdants et ces gens qui veulent faire fortune rapidement sont attirés par ce genre d'entreprise.

L'un des défis d'une entreprise de marketing de réseaux est sa politique d'ouverture, qui permet à n'importe qui ou presque de s'y joindre. Cette politique d'ouverture représente cette juste et équitable opportunité que la plupart des socialistes revendiquent à hauts cris, et pourtant je n'ai rencontré aucun socialiste inconditionnel dans ces entreprises. Ces dernières s'adressent à des capitalistes, ou du moins à des gens qui espèrent devenir capitalistes.

Après avoir pu remarquer le type d'aspirants à ce genre d'entreprise, de débrouillards en affaires et de rêveurs qu'on pouvait y retrouver, j'ai fini par croiser les leaders de certaines de ces entreprises. Ceux que j'ai rencontrés étaient parmi les gens les plus intelligents, les plus gentils et les plus professionnels que j'ai côtoyés au cours de toute ma carrière en affaires. De plus, ils avaient un sens moral et un éthique extraordinaires. Après avoir surmonté mes propres préjugés et fait la connaissance de personnes que je respectais et avec lesquelles je m'entendais bien, j'ai découvert le cœur de cette industrie. Je pouvais maintenant comprendre ce que je n'avais pas pu discerner auparavant. J'étais maintenant en mesure de voir le bon et le mauvais côté de cette industrie.

Donc, ce livre a été écrit pour répondre à la question: «Étant donné que vous n'êtes pas devenu riche grâce au marketing de réseaux, pourquoi recommandez-vous à d'autres de se joindre à ce genre d'entreprise?» N'ayant pas fait fortune dans le marketing de réseaux, je peux donc être un peu plus objectif concernant cette industrie. Ce petit livre décrit ce que je considère être la véritable valeur d'une entreprise de marketing de réseaux... une valeur qui dépasse largement le seul potentiel de faire beaucoup d'argent.

Comme le disait mon père riche: «Les gens les plus riches du monde recherchent et bâtissent des réseaux, tous les autres recherchent du travail.»

Bien qu'une entreprise de marketing de réseaux ne convienne pas à tout le monde, cette industrie continue de croître en tant que puissante force financière dans notre monde d'aujourd'hui. Les gens intéressés à faire des affaires dans l'avenir et soucieux de leur propre avenir financier devraient jeter un regard objectif sur cette industrie.

RÉSEAU #2

Valeur #1 :
Une formation commerciale
qui change la vie

Ce n'est pas pour l'argent

«*N*ous possédons le meilleur système de rémunération.» J'ai souvent entendu ce commentaire quand je me renseignais sur différentes entreprises de marketing de réseaux. Il arrivait que des personnes désireuses de me faire part des opportunités de leur entreprise me racontent des histoires à propos de gens gagnant des centaines de milliers de dollars chaque mois grâce à leur entreprise. J'ai aussi rencontré des gens qui font vraiment des centaines de milliers de dollars, chaque mois, grâce à leur entreprise de marketing de réseaux... par conséquent, je ne doute aucunement de l'énorme potentiel bénéficiaire* du marketing de réseaux.

L'appât de l'argent attire beaucoup de gens dans l'entreprise. Toutefois, je ne recommande pas de vous renseigner

---

* Note de la traduction: Aptitude d'une entreprise à générer des revenus. Cette aptitude est généralement évaluée au moyen d'une estimation de la valeur actualisée des bénéfices que procurera un investissement, un capital.

sur une entreprise de marketing de réseaux en prenant en considération principalement la question d'argent.

Ce n'est pas pour des produits

«Nous avons les meilleurs produits.» Cette affirmation parle du deuxième avantage sur lequel on a le plus attiré mon attention alors que j'étudiais différentes entreprises de marketing de réseaux. Au cours de ma démarche d'investigation des différentes entreprises de marketing de réseaux, j'ai été totalement pris par surprise par le nombre de produits et services différents que distribue un système de marketing de réseaux.

La première entreprise de marketing de réseaux que j'ai étudiée dans les années 1970 vendait des vitamines. Je les ai essayées et j'ai trouvé que c'était des vitamines d'excellente qualité. Je prends encore certaines de ces vitamines aujourd'hui. Au fil de mon enquête, j'ai découvert des entreprises de marketing de réseaux dans ces gammes de produits standards:

1. Des produits d'entretien ménagers de consommation.
2. Des services téléphoniques.
3. Des biens immobiliers.
4. Des services financiers.
5. Des sites Web.
6. Un marché de distribution Internet qui vend au rabais à peu près tout ce que Wall-Mart et K-Mart vendent.
7. Des produits pour les soins de santé.
8. Des bijoux.
9. Des services fiscaux.
10. Des jouets éducatifs.

Et la liste s'allonge. Au moins une fois par mois, j'entends parler d'une nouvelle entreprise de marketing de réseaux avec de nouvelles variantes dans leurs produits ou dans leur système de rémunération. Je me joins à certaines d'entre elles car je veux le produit ou le service qu'elles offrent. Mais le produit ou le système de rémunération n'est pas la raison principale pourquoi j'encourage les gens à prendre en considération différentes entreprises de marketing de réseaux.

C'est pour son système éducatif

La raison première pourquoi je recommande une entreprise de marketing de réseaux c'est pour son système éducatif. Le travail que vous avez à faire consiste à investir le temps nécessaire pour regarder au-delà du système de rémunération et des produits et de vous attarder sur le noyau central de l'entreprise pour vérifier si elle est vraiment intéressée à vous former et à vous éduquer. Cela requiert davantage de votre temps que le fait d'écouter simplement une présentation de vente de trois heures ou de feuilleter des catalogues de produits en couleurs.

Afin de découvrir à quel point leur système éducatif est vraiment bon, cela exigera peut-être de vous sortir de votre fauteuil et d'investir du temps à vous rendre à leurs réunions de formation et d'éducation. Si vous aimez ce que vous entendez au cours de la présentation initiale, prenez le temps de rencontrer vraiment les gens qui donnent la formation et l'éducation. C'est ce que j'ai fait et ce que j'y ai découvert m'a impressionné.

Montrez-vous prudent car la plupart des entreprises de marketing de réseaux affirment qu'elles ont de formidables systèmes éducatifs. Et pourtant j'ai découvert que plusieurs d'entre elles n'avaient pas les extraordinaires systèmes éducatifs et de formation qu'elles prétendaient avoir. Dans la plupart des entreprises que j'ai étudiées, la seule formation disponible était une liste de livres recommandés, puis elles se concentraient à vous former afin de recruter vos amis et votre famille dans l'entreprise.

En d'autres mots, elles ne vous donnaient que la formation nécessaire pour que vous deveniez un meilleur vendeur de leurs produits ou de leur système. Alors, prenez votre temps et regardez bien attentivement, car il existe plusieurs entreprises de marketing de réseaux possédant un système éducatif et un plan de formation excellents..., et selon moi, parmi les meilleures formations commerciales réalistes que j'ai vues au cours de ma vie.

Que devez-vous rechercher dans un système éducatif?

Si vous avez lu mes autres livres, vous savez déjà que je viens d'une famille d'éducateurs. Mon père était à la tête du système scolaire pour l'État d'Hawaii. Cependant, bien que je sois issu d'une famille d'éducateurs, je n'aimais pas l'éducation traditionnelle. Même si j'ai reçu du congrès une affectation au sein d'un collège militaire fédéral à New York et que j'ai obtenu ma licence ès sciences, le monde traditionnel de l'éducation m'ennuyait. J'ai fait mes études en ayant l'esprit ailleurs et j'ai obtenu mon diplôme, mais j'ai rarement été stimulé ou intéressé par les matières que je devais étudier.

Après avoir terminé mes études, je me suis enrôlé dans le Corps des Marines des États-Unis et j'ai été accepté dans le programme de vol de la marine à Pensacola, en Floride. Nous étions en pleine guerre du Viêt-nam et il y avait un urgent besoin de former davantage de pilotes. Alors que j'étais élève-pilote, j'ai découvert le type d'éducation qui suscite ma curiosité et représente pour moi un défi. La plupart d'entre nous ont entendu le fameux cliché dont on abuse abondamment: «Transformer des chenilles en papillons». Eh bien, à l'école de pilotage c'est exactement ce qu'ils font.

Quand je me suis inscrit à l'école de pilotage, j'étais déjà officier breveté, diplômé d'un collège militaire. Mais plusieurs des élèves qui entraient à l'école de pilotage étaient des novices provenant de collèges civils et ressemblaient vraiment à des chenilles. Nous étions à l'ère des hippies et il y avait là plusieurs personnages très étranges dans leur tenue civile, prêts à entreprendre *un programme d'éducation qui change la vie*. S'ils survivent à la formation, ils vont en ressortir, deux ou trois ans plus tard, tels des papillons, c'est-à-dire des pilotes prêts à assumer les rigueurs du pilotage, bien souvent dans les plus difficiles conditions du monde.

Le film *Top Gun*, ayant pour vedette Tom Cruise, racontait l'histoire des meilleures parmi les *chenilles* qui sont devenues des *papillons*. Juste avant d'aller au Viêt-nam, j'ai été moi aussi en garnison à San Diego, en Californie, où est située l'école *Top Gun*. Même si je n'étais pas un pilote suffisamment doué pour qu'on pense m'envoyer dans cette prestigieuse école, l'énergie et l'assurance dont faisaient preuve les jeunes pilotes dans le film ressemblaient à ce que nous ressentions tandis que nous nous préparions à partir pour la guerre.

On a transformé des jeunes hommes mal fichus et qui ne savaient pas voler... en de jeunes hommes ayant une formation et prêts à faire face à des défis que la plupart des gens préfèrent éviter. Le changement que j'ai observé chez les autres élèves-pilotes et moi-même représente exactement ce que je veux dire quand je parle d'une «éducation qui change la vie». Après avoir terminé mon cours à l'école de pilotage et être parti pour le Viêt-nam, je n'ai plus jamais été le même. Je n'étais plus la même personne qui avait été admise à l'école de pilotage.

Bien des années après l'école de pilotage, plusieurs de mes camarades pilotes sont devenus très prospères dans le monde des affaires. Quand nous nous rassemblons et que nous nous racontons à nouveau nos vieilles histoires de guerre, nous nous faisons souvent la remarque que c'est la formation que nous avons reçue à l'école de pilotage qui a eu un énorme impact sur notre réussite financière d'aujourd'hui.

Par conséquent, quand je parle *d'une formation commerciale qui change la vie*, je parle d'une éducation suffisamment puissante pour transformer une chenille en papillon. Quand vous prenez en considération le plan éducatif d'une entreprise de marketing de réseaux, je vous recommande un plan éducatif qui a le pouvoir de changer autant de choses dans votre vie.

Cependant, je vous préviens que, tout comme à l'école de pilotage, ce ne sont pas tous les élèves-pilotes qui complètent le programme.

Une école concrète de préparation aux affaires

L'un des meilleurs procédés de l'école de pilotage était que nous étions formés par des pilotes qui revenaient tout juste de la guerre du Viêt-nam. Quand ils nous parlaient, ils le faisaient avec l'expérience qu'ils avaient acquise dans la vie réelle. L'un des problèmes que j'ai éprouvés à l'école commerciale était que plusieurs des professeurs n'avaient aucune expérience des affaires dans la vie réelle.

Dans le marketing de réseaux, les gens qui sont au sommet et qui enseignent se doivent d'être couronnés de succès dans le vrai monde car sans cela ils ne seraient pas au sommet. Dans le monde des écoles commerciales traditionnelles, vous n'avez pas à être couronnés de succès dans le vrai monde des affaires pour pouvoir enseigner les affaires. C'est peut-être la raison pourquoi les enseignants dans le monde traditionnel des études commerciales ne gagnent pas autant d'argent que certains des professeurs dans le monde de la formation du marketing de réseaux.

Par conséquent, quand vous examinez de près une entreprise de marketing de réseaux, allez rencontrer les personnes au sommet, les gens couronnés de succès au sein de l'entreprise, et demandez-vous à vous-même si vous voulez qu'elles vous enseignent.

Voici certaines des matières commerciales les plus importantes dans la vraie vie que les entreprises de marketing de réseaux enseignent:

1. Une attitude de réussite;
2. Des aptitudes au leadership;
3. La capacité de communiquer;
4. La connaissance des relations humaines;
5. Surmonter les peurs personnelles, les doutes et le manque d'assurance;
6. Surmonter la peur du rejet;
7. Des aptitudes à gérer de l'argent;
8. Les qualités essentielles dans le domaine de l'investissement;
9. La capacité d'assumer des responsabilités;
10. La capacité de bien gérer son temps;
11. La fixation des objectifs;
12. La systématisation.

Les gens couronnés de succès que j'ai rencontrés dans le domaine du marketing de réseaux ont développé ces aptitudes grâce aux programmes de formation du marketing de réseaux. Que vous atteigniez ou non le sommet du système de marketing de réseaux ou que vous fassiez beaucoup d'argent, la formation vous sera d'une grande valeur pour le reste de votre vie. Si le plan éducatif est bon, il pourra améliorer votre vie pour le mieux, peut-être pour toujours.

Qu'est-ce qu'une formation qui change la vie?

J'ai conçu le schéma suivant pour expliquer ce que j'entends par une formation qui change la vie. Veuillez noter que c'est un tétraèdre, ce qui signifie un polyèdre à quatre côtés, mieux connu sous la forme d'une pyramide... et les pyramides d'Égypte ont résisté au passage du temps. En d'autres mots, les tétraèdres ou pyramides sont des structures très stables. Les savants croient depuis des siècles que la loi universelle ou la nature fonctionnent par cycle de quatre, dans ce cas-ci quatre côtés.

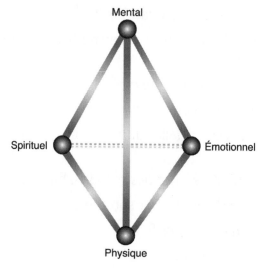

Voilà pourquoi il y a les quatre saisons, lesquelles sont l'hiver, le printemps, l'été, l'automne. Pour ceux qui étudient l'astrologie, il y a quatre signes primaires: de terre, d'air, de feu et d'eau. Quand je parle d'une formation qui change la vie, les changements se retrouvent à nouveau par cycle de quatre. En d'autres termes, pour qu'une véritable formation qui change la vie soit efficace, elle doit influer sur les quatre côtés de la pyramide d'apprentissage.

L'enseignement traditionnel se concentre principalement sur la formation intellectuelle ou mentale. Il vous enseigne à être habile en lecture, en écriture et en arithmétique, qui sont toutes des techniques très importantes. On les appelle souvent des capacités cognitives. Ce que je n'ai pas aimé personnellement concernant l'enseignement traditionnel c'était sa façon d'influencer les aspects émotionnel, physique et spirituel de ce même enseignement. Je vais traiter de chaque point séparément.

1. **L'enseignement émotionnel:** L'un de mes sujets de plainte concernant l'enseignement traditionnel est qu'il brandit continuellement le sentiment de peur, plus spécifiquement la peur de commettre des erreurs, ce qui mène à la peur de l'échec. Plutôt que de m'inspirer à apprendre, le professeur utilisait la peur de l'échec pour me motiver, en affirmant des choses telles que: «Si tu n'obtiens pas de bonnes notes, tu n'obtiendras pas un emploi bien rémunéré.»

De plus, on me punissait quand je faisais des erreurs à l'école. C'est là que j'ai appris sur le plan émotif à craindre de faire des erreurs. Le problème est le suivant: dans le vrai monde, les gens qui prennent de l'avance sont ceux qui font le plus d'erreurs et qui apprennent de ces dernières.

Mon père pauvre, le professeur, pensait que commettre une erreur était un péché. D'autre part, mon père riche disait: «Nous sommes destinés à apprendre en faisant des erreurs. Nous apprenons à faire de la bicyclette en tombant et en se remettant de nouveau en selle, en tombant et en se remettant en selle.» Il disait aussi: «C'est un péché de faire une erreur et de ne rien apprendre de celle-ci.»

Il s'est ensuite expliqué davantage en disant: «La raison pourquoi tant de gens mentent après avoir fait une erreur est qu'ils sont terrifiés sur le plan émotif à l'idée d'admettre qu'ils ont fait une erreur... par conséquent, ils perdent une occasion d'apprendre et de grandir. Commettre une erreur, l'admettre sans en rejeter le blâme sur quelqu'un d'autre, sans tenter de se justifier ou de trouver des prétextes, voilà comment on apprend. Commettre une erreur et ne pas l'admettre, ou en rejeter le blâme sur quelqu'un d'autre, est un péché.»

Dans le monde traditionnel des affaires, la même attitude vis-à-vis des erreurs l'emporte. Dans le monde des affaires, si vous faites une erreur, vous êtes souvent renvoyés ou punis. Dans le monde du marketing de réseaux, on vous encourage à apprendre en faisant des erreurs, en les corrigeant, et à devenir plus adroits sur les plans intellectuel et émotionnel.

Quand j'apprenais mon métier dans le milieu des affaires, les vendeurs sous-performants étaient congédiés. Dans le monde du marketing de réseaux, le point de mire du leader est de travailler avec ceux qui ne se débrouillent pas bien et de les encourager à avancer, et non pas de les congédier. Vous n'auriez probablement jamais appris à faire de la bicyclette si on vous avait puni chaque fois que vous tombiez et si on vous avait attribué une note d'échec en conduite de bicyclette.

Je crois que j'ai plus de succès, sur le plan financier que la plupart des gens parce que j'ai échoué plus que la plupart des gens. En d'autres mots, j'ai une longueur d'avance parce que j'ai fait plus d'erreurs que ces gens-là à qui l'on a appris que le fait de faire des erreurs était mauvais ou à qui on signifiait qu'ils étaient stupides. Dans le marketing de réseaux, on vous encourage à commettre des erreurs, à se corriger, à apprendre et à grandir. Selon moi, c'est une formation qui change la vie... une formation qui est presque à l'opposé de l'enseignement traditionnel.

Si vous êtes terrifié à l'idée de commettre des erreurs et si vous avez peur d'échouer, le domaine du marketing de réseaux pourrait très bien vous convenir. Je peux témoigner que certains programmes de formation en marketing de réseaux développent et font renaître la confiance en soi d'un individu... et une fois que vous aurez plus d'assurance, votre vie ne sera plus jamais la même.

2. **L'enseignement physique:** Disons simplement que les gens qui ont peur de commettre des erreurs n'apprennent pas grand-chose parce qu'ils ne font pas grand-chose. La plupart des gens savent que l'apprentissage est tout autant un processus physique qu'intellectuel. Lire et écrire sont des processus physiques, tout comme apprendre à jouer au tennis est un processus physique. Si on vous a conditionné à connaître toutes les bonnes réponses et à ne pas faire d'erreurs, il y a de fortes chances que votre processus éducatif ait été limité. Comment pouvez-vous faire des progrès si vous connaissez toutes les réponses mais que vous êtes terrifié à l'idée d'essayer quoi que ce soit?

Toutes les entreprises de marketing de réseaux que j'ai étudiées encouragent *l'apprentissage physique* autant que *l'apprentissage intellectuel.* Elles vous incitent à vous mêler aux gens et à affronter vos peurs en agissant, en faisant des erreurs, en apprenant de ces dernières, et à devenir plus solide par le fait même aux points de vue intellectuel, émotionnel et physique.

L'enseignement traditionnel vous encourage à apprendre les faits, puis il vous enseigne, d'une façon émotionnelle, à avoir peur de commettre des erreurs, ce qui refrène physiquement. Vivre dans un environnement de peur n'est pas sain mentalement, physiquement, financièrement ou sur le plan émotif. Comme je l'ai affirmé précédemment, j'ai davantage d'argent non pas parce que j'étais plus intelligent sur le plan scolaire mais parce que j'ai commis plus d'erreurs, j'ai admis les avoir faites et j'ai appris les leçons que ces erreurs m'enseignaient.

Puis, j'ai continué à faire d'autres erreurs... et je compte bien en faire encore dans l'avenir... tandis que la plupart des gens travaillent dur pour ne pas commettre d'autres erreurs futures... et c'est pourquoi nous avons des avenirs bien différents. Vous ne pouvez pas améliorer votre avenir si vous n'êtes pas disposé à tenter quelque chose de nouveau et à courir le risque de commettre des erreurs, et à apprendre d'elles.

Les meilleures entreprises de marketing de réseaux encouragent leurs gens à apprendre quelque chose de nouveau sur le plan intellectuel, à agir, à faire des erreurs, à apprendre, à se corriger, et à répéter ce même processus. C'est là l'enseignement de la vraie vie.

Si vous avez peur de commettre des erreurs mais que vous êtes conscient des changements à effectuer dans votre vie, alors un bon programme de marketing de réseaux pourrait être pour vous le meilleur programme à long terme de développement personnel. Une bonne entreprise de marketing de réseaux vous prendra par la main et vous guidera vers une vie par-delà la peur et l'échec. Et si vous ne voulez pas qu'on vous tienne la main, personne ne vous la tiendra.

3. **L'enseignement spirituel:** Avant tout, je crois qu'il est important que j'explique quelles sont mes opinions personnelles sur le sujet avant d'aborder ce thème bien souvent émotif et contesté. J'utilise le mot *spirituel* par opposition à *religieux* pour des raisons précises. Tout comme il y a de bonnes entreprises de marketing de réseaux et de mauvaises, selon moi il y a de bonnes organisations religieuses et de mauvaises. Plus spécifiquement, j'ai vu des organisations religieuses fortifier une personne sur le plan spirituel, et j'ai vu d'autres organisations religieuses affaiblir une personne spirituellement.

Donc, quand je parle d'enseignement spirituel, cela peut inclure l'enseignement religieux ou peut-être pas. Quand je parle d'enseignement spirituel, je parle en termes non-confessionnels. Quand il s'agit de religion, j'appuie la Constitution des États-Unis, laquelle accorde la liberté de choix quant à la religion.

La raison pourquoi je suis prudent sur ce sujet c'est qu'on m'a dit quand j'étais très jeune: «Ne discute jamais de religion, de politique, de sexe, et d'argent.» Je suis d'accord avec cet énoncé car ces sujets peuvent s'avérer explosifs et émotifs. Ce n'est pas mon intention d'offenser vos croyances ou vos sentiments personnels mais je veux plutôt soutenir vos droits à les ressentir.

Au-delà des limites humaines

Quand je parle de l'esprit d'une personne, je parle du pouvoir qui nous propulse par-delà nos limites intellectuelle, émotionnelle, et physique... des limites qui définissent souvent notre condition humaine.

Alors que j'étais au Viêt-nam, j'ai vu de jeunes hommes blessés qui se savaient proches de la mort, et pourtant ils continuaient de se battre pour que d'autres puissent vivre. Un confrère de classe de l'élémentaire qui a combattu derrière les lignes ennemies pendant la majeure partie de son temps au Viêt-nam l'a raconté très fidèlement quand il a dit: «Je suis en vie aujourd'hui parce que des morts ont continué de se battre.» Il a enchaîné en disant: «Deux fois je suis allé au combat et j'ai été le seul à m'en sortir vivant. Ta vie change quand tu te rends compte que tes amis ont donné leurs vies pour que tu survives.»

Bien des nuits avant la bataille, je m'assoyais en silence à l'avant du porte-avions tandis que les vagues clapotaient en-dessous. Dans ces longs moments de silence j'ai fait la paix avec mon âme. J'ai pris conscience qu'au matin j'allais de nouveau voir la mort en face. Ce fut pendant l'une de ces longues soirées de silence et de solitude que j'ai réalisé que le fait de mourir la journée suivante était pour moi la façon facile de m'en sortir. Je me suis rendu compte que de vivre était de bien des façons plus difficile que de mourir.

Après avoir trouvé la paix quant à la possibilité de vivre ou de mourir, j'ai pu alors choisir comment je voulais vivre ma vie la journée suivante. En d'autres mots, allais-je voler avec courage ou avec peur? Après avoir fait mon choix, j'ai demandé instamment à mon esprit humain de me soutenir jusqu'à la journée suivante, de voler et de combattre au mieux de mon habileté, quel que soit le résultat final.

La guerre est un événement horrible. Cela amène des gens à faire d'abominables choses à d'autres êtres humains. Et pourtant, c'est dans une guerre que j'ai vu ce que l'humanité a de meilleur. C'est en période de guerre que j'ai acquis un sentiment du pouvoir humain bien au-delà des limites humaines. Et nous le possédons tous. Je sais que vous l'avez.

La bonne nouvelle est que vous n'avez pas à aller à la guerre pour être témoin de ce pouvoir. Un jour où j'assistais à une rencontre d'athlétisme de filles et de garçons ayant à relever des défis exceptionnels, j'ai été témoin et touché par le même esprit d'humanité. Quand j'ai vu de jeunes gens, certains sans jambes, s'élancer avec des jambes artificielles, courir de tous leurs cœurs et de toutes leurs âmes pour un cent mètres, l'esprit qui les animait à toucher mon propre esprit.

En effet, des larmes me sont venues aux yeux quand j'ai regardé une jeune fille, avec une seule jambe, courir de toutes ses forces. Je pouvais voir sur son visage la souffrance qu'elle éprouvait à courir avec une jambe artificielle, et pourtant sa souffrance physique n'était aucunement comparable à la puissance de son esprit. Bien qu'elle n'ait pas remporté la course, elle a gagné mon cœur. Elle a touché mon esprit humain et elle m'a rappelé ce que j'avais oublié. À ce moment-là, j'ai pris conscience que tous ces jeunes gens couraient pour nous tous, tout autant qu'ils couraient pour eux-mêmes. Ils ont couru pour qu'on n'oublie pas ce pouvoir potentiel que nous avons tous en réserve en dedans de nous-mêmes.

Nous voyons au cinéma d'extraordinaires esprits humains à l'œuvre. Dans le film *Cœur vaillant*, Mel Gibson chevauche devant sa bande de fermiers écossais, terrifiés par la puissante armée anglaise en face d'eux, et il hurle de toute son âme: «Ils peuvent tuer nos corps mais ils ne peuvent pas nous enlever notre liberté.» À ce moment précis, c'est son propre esprit humain qui s'adresse à celui de toute sa bande. En faisant appel à leur courage, il terrasse ainsi leurs peurs et leurs doutes attribuables à un manque d'entraînement et à une infériorité évidente au chapitre des armes. Il a enflammé leurs cœurs à persévérer et à vaincre l'armée la plus puissante du monde.

J'ai remarqué que les leaders qui réussissent dans le marketing de réseaux ont été formés à développer cette capacité de s'adresser à l'esprit humain. Ils possèdent la capacité de faire ressortir la grandeur de ceux qui les suivent et de leur inspirer à avancer de plus en plus... à dépasser leurs limites humaines. Voilà le pouvoir d'une formation qui change la vie.

En examinant le schéma de la pyramide d'apprentissage, vous pouvez voir ce qui se produit quand des gens sont animés par leur esprit, et non pas sur les plans émotionnel ou mental.

Communiquer mentalement

D'habitude il ne se passe pas grand-chose quand l'enseignement ne s'adresse qu'au niveau mental d'une personne.

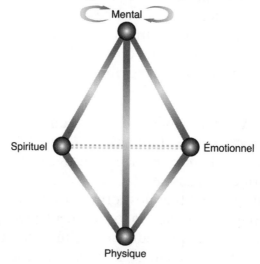

Nous avons tous dit des choses comme celles-ci: «Je vais me mettre à perdre du poids la semaine prochaine.» Puis nous continuons à prendre du poids. Ou bien nous affirmons des choses telles que: «Je vais vendre et recruter davantage le mois prochain. Ou bien je vais commencer à épargner dès que j'aurai touché mon prochain salaire.» La raison pourquoi rien ne change, c'est qu'il s'agit ici d'une simple opération mentale. Dans la plupart des cas, un véritable changement requiert les quatre points du tétraèdre.

Communiquer sur le plan émotionnel

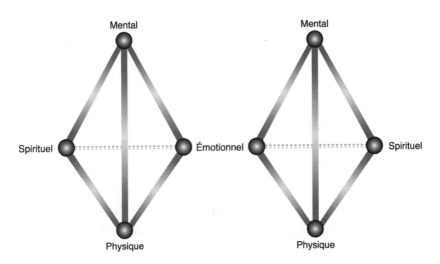

Note: *La communication émotionnelle est aussi appelée la communication «sentic». Cela signifie communiquer plus d'émotions que de mots. Par exemple, il est certainement arrivé à tous d'entrer dans une pièce et de sentir que quelqu'un qui s'y trouve est fâché contre nous, et cela avant même que cette personne ne prononce un seul mot. La communication «sentic» peut se comparer à deux diapasons en train de vibrer. S'ils sont sur la même fréquence, vous pouvez frapper sur un des diapasons, le faire vibrer, et bientôt le second diapason commencera à vibrer. Cela signifie que quand nous avons peur, nous attirons souvent d'autres gens craintifs ou des personnes qui abusent d'individus craintifs. Quand j'étais enfant, nous disions souvent des choses telles que: «Ce gars-là me fait un effet désagréable.» Voilà un exemple de communication émotionnelle ou «sentic».*

L'un des grands avantages d'être formé par une entreprise de marketing de réseaux, ayant un excellent système éducatif, est que cela vous encourage à surmonter vos limites émotionnelles et à parler du plus profond de votre humanité.

Communiquer physiquement

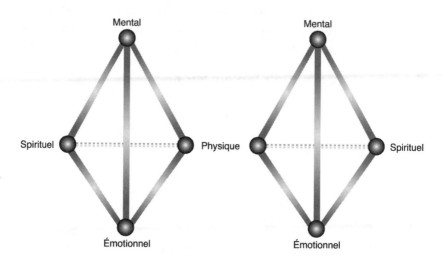

Nous avons tous rencontré des gens qui nous attirent physiquement. Nous avons aussi rencontré des personnes qui nous répugnent, tout simplement à cause de leur apparence. La raison est la suivante: Dans la communication physique ou visuelle, l'apparence d'une personne, au premier coup d'œil, représente la plus puissante de toutes les communications.

Des études ont démontré qu'une véritable communication entre deux personnes comporte approximativement:

* 10 % de mots:
* 35 % d'émotions;
* 50 % de visuel ou de physique;
* 5 % d'autres variables.

En d'autres mots, votre apparence, le fait de regarder les gens de travers, de ne pas vous tenir droit, de porter des vêtements qui ne conviennent pas à la circonstance, tout cela a des répercussions sur votre efficacité dans le domaine de la communication. Ce sont manifestement des appréciations superficielles ou des évaluations élémentaires, et pourtant elles peuvent servir d'excellentes lignes directrices pour améliorer la communication entre les gens.

Les grandes entreprises de marketing de réseaux consacrent beaucoup de temps à améliorer l'apparence physique d'une personne. Dans une de ces entreprises, on offrait même un programme optionnel de perte de poids et d'exercice physique. Les leaders savent que les gens bien portants et physiquement attirants communiquent plus efficacement que les gens qui n'ont pas l'air en santé.

Je voudrais faire deux commentaires au sujet de la communication physique. Le premier est le suivant: Nous avons tous rencontré des gens attirants physiquement de par leur apparence, et qui étaient pourtant de véritables épaves sur le plan émotionnel. Nous avons également rencontré des gens qui nous rebutaient à première vue mais avec le temps nous avons découvert qu'ils étaient de véritables perles au fond d'eux-mêmes. Le problème est que nous ne disposons que d'une seule chance pour faire une première bonne impression. Voilà pourquoi notre communication physique est si importante.

Le second commentaire est celui-ci: Les gens me demandent souvent de les aider à améliorer leur entreprise. Si j'accepte de les aider, la première question que je pose est la suivante: «Êtes-vous disposés à effectuer des changements et à être flexibles? S'ils répondent oui, il est fort possible que je continue de les aider. S'ils répondent non, la discussion se termine sur-le-champ.

Dans la plupart des cas, les gens disent: «Oui, nous sommes prêts à faire des changements.» Je consens alors d'un signe de tête et j'attends le bon moment pour mettre à l'épreuve leur bonne volonté. Il y a de cela quelques mois, une de mes connaissances m'a demandé de l'aider à améliorer la rentabilité de son entreprise. Je lui ai posé la même question quant à sa bonne volonté d'effectuer un changement précis, et il a accepté. Je lui ai dit immédiatement: «Alors, voudrais-tu s'il te plaît comme première étape raser ta moustache?»

Cet homme s'est dérobé aussitôt et il m'a dit: «Je ne suis pas prêt à me raser la moustache. Je l'ai depuis l'école secondaire.» La discussion s'est arrêtée là et je n'ai pas travaillé avec lui à améliorer son entreprise. Le problème n'était pas sa moustache... mais son manque d'empressement à changer. Peu m'importait qu'il garde ou non sa moustache. Je ne faisais que mettre à l'épreuve sa volonté de changement.

J'aurais pu faire cela avec sa cravate, ou ses souliers, ou quoi que ce soit d'autre sur le plan physique. Voyez-vous, la plupart des gens veulent changer mentalement, tout comme cet ami. Mais quand je l'ai mis à l'épreuve concernant un changement physique, il a refusé. En fin de compte toute éducation est physique. Si une personne n'est pas disposée à apprendre physiquement, ses chances d'un changement éducatif durable sont minimales.

Mon père riche avait coutume de dire: «Si trois chats sont assis sur la clôture et que deux décident de sauter, combien reste-t-il de chats?»

Voici la réponse: «Il y a encore trois chats sur la clôture.» Car le fait de *décider* de sauter ne signifie pas que les deux chats aient vraiment sauté physiquement. Et c'est pourquoi mon père riche disait: «Demain est le jour le plus occupé de l'année.» La plupart des gens trouvent cela facile de prendre la décision d'améliorer leurs vies dans un secteur particulier, mais ils remettent ensuite à demain tout ce qu'ils pourraient faire dans ce sens.

Mon père riche disait aussi: «Le problème est qu'au bout du compte la plupart des gens se retrouvent un jour à court de lendemains.» Par conséquent, la leçon est la suivante: la plupart des gens veulent changer quelque chose dans leurs vies, mais le changement commence seulement quand vous agissez finalement... et c'est pourquoi l'aspect physique de l'éducation est si important.

La meilleure formation que j'ai eue dans ma vie

Mon inscription à l'école de pilotage après avoir complété mon cours collégial a été l'une des choses les plus intelligentes que j'ai faites dans ma vie. L'important n'était pas d'apprendre à voler ou de m'apprêter pour la guerre mais de me préparer pour la vraie vie. Je n'étais plus un enfant d'école et la formation que j'ai reçue était justement celle dont j'avais besoin à ce moment de ma vie. Cette formation a changé ma vie car elle m'a transformé mentalement, physiquement, spirituellement et sur le plan émotionnel. Quand je suis revenu de la guerre, j'avais l'assurance nécessaire pour accepter les défis financiers et d'affaires devant lesquels la plupart des gens se dérobent.

Si vous êtes prêt à faire des changements dans votre vie, examinez les programmes éducatifs offerts par certaines entreprises de marketing de réseaux. Prenez le temps de voir si l'entreprise, la rémunération, les produits et la formation correspondent à vos besoins à cette étape de votre vie. Si vous croyez qu'une de ces entreprises aborde chacun de ces domaines selon vos attentes, envisagez l'idée de commencer une affaire à temps partiel avec cette entreprise.

Tout le reste de ce livre traite des autres valeurs essentielles que j'ai découvertes dans plusieurs entreprises de marketing de réseaux.

RÉSEAU #3

Valeur #2 :
La valeur du changement de quadrant...
plutôt que de changer
simplement d'emploi

C ombien de fois avez-vous entendu des gens faire certaines des déclarations suivantes?

1. «Je souhaiterais pouvoir quitter mon emploi.»

2. «Je suis fatigué de passer d'un emploi à un autre.»

3. «Je souhaiterais pouvoir gagner plus d'argent, mais je ne peux pas me permettre d'abandonner et de tout recommencer avec une nouvelle entreprise. Et je ne veux pas retourner à l'école pour y apprendre une autre profession.»

4. «Chaque fois que j'obtiens une augmentation de salaire, la plus grande partie passe en contributions aux coffres du gouvernement.»

5. «Je travaille dur mais les seules personnes qui deviennent riches sont les propriétaires de l'entreprise.»

6. «Je travaille dur mais je n'arrive pas financièrement. Il me faut commencer à penser à préparer ma retraite.»

7. «J'ai peur que la technologie ou qu'un travailleur plus jeune fasse en sorte que je sois dépassé.»

8. «Je ne peux plus travailler aussi dur. Je deviens trop vieux pour ça.»

9. «Je suis allé à l'école d'art dentaire pour devenir dentiste mais à présent je ne veux plus être un dentiste.»

10. «Je veux simplement faire quelque chose de différent et rencontrer de nouvelles personnes. J'en ai assez de perdre mon temps, à force de fréquenter des gens qui n'ont pas beaucoup d'ambition et qui ne savent pas où ils s'en vont. Je suis fatigué de passer du temps avec des gens qui travaillent juste assez... pour éviter d'être congédiés, et je suis aussi las de travailler pour une entreprise qui nous paie juste assez... pour qu'on n'abandonne pas.»

Ces déclarations sont souvent celles d'individus pris au piège dans un des quadrants du Quadrant du CASHFLOW. Ce sont des commentaires que font souvent les gens prêts à changer de quadrant. Il est peut-être temps pour eux de faire des progrès.

Qu'est-ce que le Quadrant du CASHFLOW?

Mon second livre dans la collection *Père riche* s'intitule *Père riche, père pauvre (la suite): Le Quadrant du CASHFLOW*. Certaines personnes affirment que c'est mon livre le plus important parce qu'il est très révélateur. J'ai écrit ce livre pour tous ceux qui sont prêts à effectuer un changement dans la vie... un changement bien plus grand que le simple fait de passer d'un emploi à un autre.

Le schéma suivant représente le Quadrant du CASH-FLOW de mon père riche.

Le E correspond à «employé». Le T à «travailleur autonome» ou à «propriétaire de petite entreprise». Le P à «propriétaire d'entreprise» et le I à «investisseur».

Votre propre quadrant correspond simplement à celui d'où provient votre argent, vos revenus. En d'autres mots, si votre revenu provient d'un emploi et que vous recevez régulièrement un salaire d'une entreprise que vous ne possédez pas, alors votre revenu provient du quadrant E. Un individu peut être concierge ou président d'une entreprise et être quand même un employé. Ces personnes du quadrant E peuvent penser ou dire des choses semblables: «Je suis à la recherche d'un emploi sûr avec avantages sociaux.» Ou des mots tels que: «Combien sommes-nous payés pour faire des heures supplémentaires?» Ou bien: «À combien de jours fériés payés avons-nous droit?»

Si vous prélevez une commission ou si vous demandez un taux horaire pour votre travail, vous êtes probablement dans le quadrant T. Bien souvent, les vendeurs à commission tels que les agents immobiliers font partie du quadrant T. Il nous arrive d'entendre ces gens dire: «Ma commission habituelle est de 6 % du prix d'achat total.»

Ainsi, le quadrant T peut aussi inclure des professionnels tels que des avocats et des médecins. Les gens qui chargent un taux horaire font généralement partie du quadrant T. Il pourra leur arriver de dire: «Mon taux de salaire horaire est de 50 $.» Ou bien, ils diront peut-être: «Mes honoraires seront de 1 000 $ pour le travail au complet.» Le quadrant T inclut aussi la plupart des propriétaires de petites entreprises, tels les propriétaires de restaurants, d'entreprises familiales, des consultants, des gens dans le domaine de l'entretien comme des femmes de ménage et des jardiniers. Ces gens sont souvent des individus obstinés qui tiennent à leur indépendance financière et qui aiment faire les choses par eux-mêmes, sans aide. Ces personnes donnent souvent le conseil suivant: «Ne travaillez jamais pour quelqu'un d'autre. Vous devriez travailler pour vous-même.» Ou bien: «Si vous voulez que quelque chose soit bien fait, faites-le vous-même.»

Si votre revenu provient d'une entreprise pour laquelle vous n'êtes pas un employé salarié, alors vous faites partie du quadrant P. Si vos revenus sont générés par des investissements, vous faites alors partie du quadrant I. Si vous tirez votre revenu d'une entreprise ou d'un régime de retraite du gouvernement, il y a alors de fortes chances que votre revenu provienne du quadrant E. Il est également possible de recevoir des revenus de plus d'un quadrant. Par exemple, mon épouse et moi recevons des revenus des quatre quadrants... toutefois la majeure partie de nos revenus proviennent de nos investissements... alors nous disons que nous opérons à partir du quadrant I.

Pour la plupart, les définitions des quatre quadrants sont simples et nettement définies. Les deux quadrants qui occasionnent souvent une certaine confusion sont les quadrants T et P. On me demande souvent: «Quelle est la différence entre un T, c'est-à-dire un travailleur autonome ou un propriétaire de petite entreprise, et un P, c'est-à-dire un propriétaire de grande entreprise?» La différence est facile à préciser.

La voici: un P ou un propriétaire de grande entreprise peut s'absenter de son entreprise pendant un an ou davantage et revenir ensuite pour découvrir qu'elle marche mieux et qu'elle est même plus rentable. Il arrive souvent qu'un travailleur autonome ou un propriétaire de petite entreprise, un T, ne puisse pas se permettre de s'éloigner de son travail, ne serait-ce que pour quelque temps. Dans la plupart des cas, si un travailleur autonome ou un propriétaire de petite entreprise arrête de travailler, ses revenus cessent de rentrer.

Et c'est d'une manière générale la différence entre les quadrants T et P. Quand les gens disent: «Je vais laisser mon emploi pour être mon propre patron et faire les choses à ma manière», la plupart de ces gens passent du quadrant E au quadrant T plutôt que du E au P. L'une des raisons pourquoi 9 petites entreprises sur 10 échouent est simplement que le quadrant T en est un qui requiert un très dur labeur. Plusieurs petites entreprises échouent, soit par épuisement financier ou physique... ou les deux. Le quadrant T est celui où le petit propriétaire d'entreprise subit la pression de ses clients, du gouvernement et de ses employés, s'il en a. Il est difficile d'effectuer un travail très productif quand tellement de gens exigent autant de vous en même temps.

Le quadrant T peut aussi vouloir dire «satisfaction»... car c'est dans ce quadrant que bien des gens font ce qu'ils aiment vraiment. Le quadrant T est celui où les gens qui *veulent faire les choses à leur manière* émigrent souvent. La mauvaise nouvelle est que c'est le quadrant où se retrouvent certaines des personnes les moins bien rémunérées de tous les quatre quadrants. J'ai lu récemment un article affirmant qu'en Amérique plusieurs propriétaires de petites entreprises ou des entrepreneurs indépendants gagnent moins de 25 000 $ par année. Tel qu'énoncé plus haut, le quadrant T est celui où

47

le plus grand nombre d'entreprises échouent. Plusieurs petites entreprises n'aboutissent jamais à rien.

Que veux-tu devenir quand tu seras grand?

Quand j'étais enfant, mon père pauvre me disait souvent: «Va à l'école, obtiens de bonnes notes pour pouvoir obtenir un emploi sûr.» Il me «programmait» en fonction du quadrant E.

Ma mère disait souvent: «Si tu veux être riche, deviens donc docteur ou avocat. De cette façon, tu auras toujours une profession à laquelle tu pourras avoir recours.» Elle me «programmait» en fonction du quadrant T.

Mon père riche disait: «Si tu veux être riche... il te faut t'occuper de tes propres affaires.» Il enchaînait en disant: «La plupart des gens ne deviennent jamais riches parce qu'ils passent leurs vies à s'occuper des affaires de quelqu'un d'autre.» Il affirmait aussi: «Plus tu cherches la sécurité d'emploi, moins tu as de contrôle sur ta vie, sur ce que tu gagnes, sur les taxes et les contributions que tu dois payer et sur ton temps libre.»

Mon père riche avait beaucoup de temps libre pour la simple raison qu'il possédait des entreprises plutôt que de travailler pour une entreprise en particulier. Il engageait des gens des quadrants E et T pour diriger et gérer ses entreprises à sa place. C'est pourquoi il jouissait de tellement de temps libre, de liberté personnelle et qu'il avait davantage d'argent; mais légalement il payait moins de taxes et d'impôts. Il soutenait aussi: «Si tu veux être libre, alors tu ferais mieux de t'occuper de tes propres affaires.» Et le genre d'affaires dont il parlait était une entreprise dans le quadrant P, et non pas dans le quadrant T.

Dans le livre *Père riche, père pauvre (la suite) : Le Quadrant du CASHFLOW*, j'ai fait le point sur les croyances de mon père riche en ce qui a trait au mot *contrôle*. Mon père riche disait souvent: «Plus tu cherches la sécurité d'emploi, ou si tu deviens un professionnel tel qu'un médecin, un avocat, un comptable, un courtier immobilier ou un agent de change, plus tu perds le contrôle sur ta vie. Plus tu renonces à ce contrôle, plus tu abandonnes ta liberté.» C'est pourquoi il disait: «Quand quelqu'un te demande: "Que veux-tu devenir quand tu seras grand?"» Réponds-lui simplement: «Je vais m'occuper de mes propres affaires.» Et mon riche faisait référence aux affaires du quadrant P, et non pas au quadrant T.

Comment changer de quadrants

Après avoir lu *Père riche, père pauvre (la suite) :Le Quadrant du CASHFLOW* et avoir compris ce qu'il fallait pour changer de quadrants, plusieurs personnes me demandent: «Comment dois-je m'y prendre pour changer de quadrant? À vous entendre cela semble facile, mais pour la plupart d'entre nous ça ne l'est pas.»

Ma réponse est la suivante: «Il est facile pour certaines personnes de passer du côté gauche du Quadrant, c'est-à-dire les côtés E et T, au côté droit du Quadrant, c'est-à-dire les côtés P et I. Malheureusement, cela n'a pas été facile dans mon cas. Si mon riche ne m'avait pas aidé, je n'aurais peut-être pas réussi.» J'explique ensuite à ces gens que je suis né dans une famille de pédagogues très instruits.

Dans ma famille, une bonne instruction et un emploi sûr, ou une profession, représentaient des valeurs de base très importantes. Je dis cela parce que le fait de changer de quadrant peut signifier une forme d'abandon de certaines valeurs familiales de base... et c'est pourquoi il n'est pas si facile pour certaines personnes de changer de quadrant, même si elles le veulent. Selon le point de vue de maman et papa, les gens riches, propriétaires d'entreprises et investisseurs, étaient souvent considérés comme des êtres cupides, malveillants, indifférents aux autres, et parfois malhonnêtes.

Quand ma mère et mon père ont découvert que je voulais me diriger dans le monde des affaires au lieu de devenir un employé payé très cher ou un professionnel, j'ai trompé leurs espérances. Cela allait à l'encontre de leurs valeurs. Après tout, mon père était un professeur par vocation et ma mère une infirmière. Ils ont même fait partie du corps des volontaires de la paix du président Kennedy pendant plusieurs années.

Mes parents étaient des êtres très bons, très bienveillants et j'ai hérité d'eux une bonne partie de ma conscience sociale et morale. C'est pourquoi ils ont eu envie de rentrer sous terre quand ils ont découvert que je voulais posséder l'échelle administrative *plutôt que de la gravir*. Ils ont cru que je m'étais joint à *l'autre camp*... et c'était le cas. J'ai décidé de privilégier le côté P et I du Quadrant plutôt que les quadrants E et T. J'ai encore cette même conscience morale et sociale que mes parents m'ont inspirée, mais eux semblaient incapables de voir les choses à ma façon.

Selon ma mère et mon père, les grands entrepreneurs et investisseurs évoquaient le côté sombre de la vie. Et c'est pourquoi le fait de changer de quadrant a représenté pour moi bien plus qu'un simple changement d'état d'esprit. Mes parents ont pensé que je rejetais ce qu'ils nous avaient enseigné quand nous étions enfants... ce qu'ils croyaient être bon, sain et important. Et ils pensaient qu'une bonne éducation, un bon emploi et une jolie maison étaient tout ce que je devais souhaiter dans la vie. Ils considéraient que je me joignais aux forces des ténèbres en voulant être riche, posséder des entreprises, investir dans des sociétés à travers le monde et engager des gens à mon service.

En vérité, le fait de vouloir devenir un homme d'affaires à l'échelle internationale et de parcourir le monde pour investir symbolisait tout ce qu'ils m'avaient appris à ne pas faire. Ils croyaient mordicus que j'étais devenu un homme qui exploitait les pauvres et la classe ouvrière, et qui avait abandonné sa religion. Alors, à mes yeux, j'ai vécu ce changement comme si je quittais ma famille et que je m'en éloignais très, très loin.

Par conséquent, même si ces valeurs semblaient simples, elles étaient profondément enracinées au plus profond de mon être. Plusieurs années plus tard, mon père a compris que le fait de changer de quadrant ne signifiait pas nécessairement un changement dans les valeurs sociales, morales et religieuses... et pourtant il s'est inquiété pendant des années à mon sujet. Ma mère est décédée bien avant de pouvoir comprendre qu'elle n'avait pas perdu le fils qu'elle avait élevé.

Nos valeurs personnelles fondamentales sont profondément enracinées. C'est pourquoi quand des gens me demandent: «Comment dois-je m'y prendre pour changer de quadrant?» je réponds souvent: «Pourquoi ne vous joignez-vous pas à une entreprise de marketing de réseaux?» La raison principale pourquoi je recommande d'examiner de près au moins une entreprise de marketing de réseaux est que le fait de passer d'un côté du Quadrant à l'autre *ne se fait pas du jour au lendemain*.

En effet, mon père riche a passé des années à me guider, à m'enseigner, parfois à me réprimander pour que je devienne un P et un I. Comme je l'ai énoncé dans le chapitre sur la Valeur #1: «La valeur d'une formation commerciale qui change la vie, d'une authentique formation qui change vraiment la vie, doit influer sur vous sur les plans *émotionnel, mental, physique et spirituel...* et ce changement peut prendre un certain temps et exiger de recevoir une bonne dose de conseils. Certaines entreprises de marketing de réseaux offrent de tels conseils et allouent des périodes de temps à cet effet.»

Pourquoi ne puis-je pas le faire tout seul?

On me demande ensuite: «Pourquoi ne puis-je pas passer du côté gauche du Quadrant au côté droit de ma propre initiative?» Ma réponse est: «Vous le pouvez.» Mais pour la plupart des gens, ce changement n'est pas le plus facile à effectuer. Certaines des personnes les plus célèbres qui ont réussi grandement dans le quadrant P sans se joindre à une entreprise de marketing de réseaux sont Bill Gates, fondateur de *Microsoft;* Michael Dell, fondateur de *Dell Computers;* Henry Ford, fondateur de *Ford Motor Company*, et plusieurs autres. Donc, cela peut se faire. Toutefois, vous découvrirez dans les pages qui vont suivre pourquoi la plupart des gens n'y parviennent pas. Ils n'y arrivent pas par eux-mêmes, non seulement à cause de l'argent mais à cause du prix élevé à payer quand on en vient au développement émotionnel, mental, physique et spirituel.

Comme je l'ai affirmé dans le premier chapitre, j'ai réussi dans le quadrant P sans utiliser le système de marketing de réseaux. C'est pourquoi je sais personnellement à quel point le prix à payer a été élevé... pas seulement en termes d'argent. Quand les gens me demandent: «Avez-vous débuté avec rien?» Je réponds: «Oui, j'ai commencé à zéro. J'ai démarré trois fois à partir de rien.» La première fois que j'ai débuté avec rien c'est que j'avais très peu d'argent pour lancer mon entreprise. La deuxième et la troisième fois que j'ai redémarré de zéro, c'est que mes deux premières entreprises importantes avaient fait faillite. À vrai dire, les deux fois suivantes où j'ai recommencé à neuf, j'aurais souhaité avoir redémarré avec rien. *Rien* aurait représenté pour moi le paradis. *Rien* me semblait de loin préférable aux millions de dollars de dettes que j'avais... des dettes que j'ai accrues parce que mes entreprises avaient fait faillite.

Me reconstruire moi-même était plus important que de faire de l'argent

Quand des gens me disent que je ne sais pas ce que c'est que d'être pauvre, je ris et je leur dis: «Savez-vous comment on se sent quand on perd des millions de dollars? Savez-vous ce qu'une telle perte peut vous faire sur les plans émotionnel, mental, physique et spirituel? Une des raisons pourquoi je recommande certaines entreprises de marketing de réseaux est qu'elles se concentrent à rééduquer des individus sur les plans émotionnel, mental, physique et spirituel. Je sais ce qu'on ressent quand on a perdu entièrement confiance en soi-même. Et je peux vous assurer que le fait d'avoir perdu toute confiance en moi-même s'est avéré bien pire que de perdre des millions de dollars.

Quand ma première entreprise a fait faillite, mon père pauvre était très bouleversé et embarrassé pour moi. D'autre part, mon père riche a dit: «Continue. La plupart des multi-millionnaires perdent trois entreprises avant de vraiment réussir.» Heureusement je n'en ai perdu que deux avant d'y parvenir. Mais le fait de réussir après avoir échoué deux fois relevait davantage d'un défi spirituel, émotionnel, et d'un processus de reconstruction. Après m'être reconstruit moi-même sur les plans émotionnel et spirituel, l'argent a suivi à toute allure.

53

Le fait de me reconstruire moi-même était plus important que de faire de l'argent. Je recommande certaines entreprises de marketing de réseaux parce qu'elles se concentrent à *construire*, ou à *reconstruire* dans certains cas la personne elle-même, puis cette dernière peut ensuite continuer de bâtir sa propre entreprise. Si cela vous intéresse, votre travail consistera à trouver une entreprise de marketing de réseaux qui possède un programme éducatif axé avant tout sur le fait de vous construire vous-même et dont la vente des plans ou des produits vient au second rang.

Après avoir trouvé l'entreprise qui vous convient le mieux, votre travail consistera à faire de votre mieux pour vous reconstruire vous-même en utilisant le plan éducatif de cette entreprise. Tout ce que cette dernière peut faire c'est de vous fournir le plan. Ce sera votre travail de vous aider vous-même tout au long de ce plan. Personne ne peut vous aider si vous ne vous aidez pas d'abord vous-même.

Vous pouvez aussi le faire tout seul, de votre propre initiative. Mais je vous prie de prendre conscience que le prix à payer pour passer du côté E et T du Quadrant au côté P et I du Quadrant peut vous coûter bien davantage que de l'argent. Pour les gens qui choisissent d'employer un système de marketing de réseaux pour bâtir une entreprise dans le quadrant P, le prix d'entrée est beaucoup moins élevé, les risques moindres, et le programme éducatif et le soutien sont là pour vous guider à travers ce processus de développement personnel.

Conservez votre emploi

On retrouve dans le quadrant P trois types d'entreprises. Ce sont de grandes entreprises dont nous avons tous entendu parler. Des sociétés telles que *Dell Computers* et *Hewlett Packard* qui ont débuté dans un dortoir et dans un garage. Ou vous pouvez acheter une franchise telle que *McDonald's* ou *Taco Bell*. Le troisième type d'entreprises que l'on retrouve dans le quadrant P est le marketing de réseaux.

L'un des avantages d'une entreprise de marketing de réseaux est que le prix d'entrée est bas. Une franchise telle que *McDonald's* coûte aujourd'hui au moins un million de dollars. Donc, si vous avez un million de dollars ou si la banque est disposée à vous le prêter, vous voudrez peut-être faire le saut et acheter une franchise. Mais si vous n'avez pas l'argent ou le temps qu'il faut pour vous jeter tête baissée à plein temps dans l'apprentissage d'une activité de franchise, alors une entreprise de marketing de réseaux pourrait vous convenir à la perfection.

Eh oui, car l'un des grands avantages d'une entreprise de marketing de réseaux est que vous pouvez demeurer dans les quadrants E et T et lancer une entreprise à temps partiel dans le quadrant P. En agissant ainsi, vous pouvez prendre le temps d'aller chercher la formation dont vous avez besoin, sans avoir à traverser la détresse, la souffrance et les risques financiers que j'ai subis pour acquérir ma formation.

Le pouvoir des mentors

On me demande souvent: «Accepteriez-vous d'être mon mentor?» Je réponds aussi poliment que possible et je recommande à la personne de s'enquérir auprès d'une entreprise de marketing de réseaux au sujet de leurs programmes d'encadrement.

J'apprécie de plus en plus l'avantage que j'ai eu d'avoir mon père riche comme mentor. Étant un professeur, mon père pauvre n'avait pas les connaissances et l'expérience nécessaires pour m'enseigner ce que je voulais savoir concernant les quadrants P et I. Sans mon père riche, je doute fortement que j'aurais pu faire le trajet entre le côté gauche du Quadrant et le côté droit. Le principal rôle du mentor dans une entreprise de marketing de réseaux est de vous diriger du côté gauche du Quadrant, E et T, au côté droit, P et I. Et l'entreprise ne vous demandera pas d'argent pour toutes les heures qu'elle investit dans le mentorat, l'encadrement et à vous prodiguer des conseils. Cette aide éducationnelle générale est très précieuse.

Si vous décidez d'évaluer une entreprise de marketing de réseaux, je vous recommande fortement de porter votre regard sur les mentors au-dessus de la personne qui vous recommande l'entreprise. Prenez le temps de les rencontrer et d'évaluer leur sincérité quant à l'appui qu'ils sont prêts à vous fournir pour passer du côté E et T au côté P et I. Dans la vie, vos mentors sont importants. Par conséquent, choisissez-les sagement.

Avertissement

Vous avez peut-être déjà déduit ce que j'ai moi-même découvert: les entreprises de marketing de réseaux ne sont pas toutes pareilles. Tout comme pour n'importe quoi dans la vie, certaines sont bonnes et d'autres le sont moins. Plusieurs nouvelles entreprises de marketing de réseaux font faillite tout comme d'autres entreprises régulières. Toutefois, la raison principale de l'avertissement que je vous donne est qu'il existe plusieurs entreprises de marketing de réseaux qui vous guident vers le quadrant T, et non pas le quadrant P. Elles font cela quand elles se concentrent seulement à développer vos talents de vendeur plutôt que la totalité des compétences requises en affaires pour réussir dans le quadrant P.

Si ces entreprises se concentrent davantage sur la connaissance d'un produit, sur vos talents de vendeur et sur les grosses sommes d'argent que vous pouvez gagner, vous saurez alors qu'elles veulent que vous fassiez partie du quadrant T. Une authentique entreprise de marketing de réseaux du quadrant P se concentrera à développer tout votre être, et non pas seulement cette partie de vous qui peut vendre et rapporter de l'argent à ceux au-dessus de vous. Si vous adoptez cette façon de faire, cela nécessitera un peu plus de temps, et bien des gens abandonnent avant même d'avoir complété le changement. Ils abandonnent pour la simple raison qu'ils ne voulaient que gagner de l'argent au lieu de changer de quadrant.

Si tout ce que vous désirez se résume à gagner simplement quelques dollars supplémentaires, alors ce genre d'entreprises de marketing de réseaux satisfera peut-être vos besoins. Mais pour ceux qui veulent effectuer un changement complet du côté gauche au côté droit du Quadrant, vous devez rechercher une entreprise de marketing de réseaux ayant des programmes de formation qui vont bien au-delà du seul argent, de la connaissance des produits et des aptitudes de vente.

Combien faut-il de temps pour changer de quadrant?

Quand on me demande: «Combien faut-il de temps pour changer de quadrant?» Je réplique souvent: «Je suis moi-même encore en train de changer.» Je veux dire que mon éducation ne s'arrête jamais dans les quadrants P et I. La bonne nouvelle est que plus je deviens débrouillard dans les quadrants P et I, plus je gagne d'argent et plus je dispose de temps libre.

Je recommande à la plupart des gens de se faire à l'idée d'accorder à tout ce processus au moins cinq ans d'essai. Quand je dis cela, j'entends bien des gens émettre des grognements désapprobateurs. Alors, si cinq ans vous semblent une éternité, engagez-vous pour six mois. Mais une fois que vous vous serez engagé, participez à toutes les rencontres qui vous seront proposées. Assistez à chaque réunion, à toutes les séances de formation et à tous les grands rassemblements que vous pourrez. La raison pourquoi je vous recommande cela est que vous voudrez commencer à changer votre environnement aussi rapidement que possible. Quand vous changez votre environnement, vous commencez à modifier votre point de vue.

Cela commence par un changement d'environnement

Un changement d'environnement est très important, surtout au début. C'est important car les gens passent la majeure partie de leur temps, soit dans le quadrant E ou le quadrant T. C'est une honte, mais les gens passent la plus grande partie des heures de leurs journées dans ces quadrants. Ils passent plus de temps dans ces quadrants, c'est-à-dire au travail, qu'ils n'en consacrent à leurs familles. Je soupçonne qu'une des raisons pourquoi il y a tellement plus de problèmes avec les jeunes de nos jours est que trop de gens consacrent davantage de temps au travail qu'ils n'en réservent aux gens qu'ils aiment.

Alors, même si cela signifie que vous passerez plus de temps loin de votre famille au début, investissez au moins six mois à assister à tout ce que vous pourrez. Je recommande cela car le proverbe suivant renferme une grande vérité: «Qui se ressemble s'assemble.»

Si vous êtes prêt à entreprendre la démarche vers le côté droit P et I du Quadrant, il vous faut vous associer autant que possible avec des gens qui pensent de la façon que vous voulez vous-même penser.

Je me souviens étant enfant m'être souvent promené de la maison de mon père riche à celle de mon père pauvre. Les deux environnements étaient très, très différents. Même les fêtes d'anniversaire étaient différentes. Aujourd'hui, j'ai des amis qui opèrent à partir des quatre quadrants. Mais mes amis les plus intimes, ceux avec lesquels je passe le plus de temps, font partie principalement des quadrants P et I. J'ai plusieurs amis dans la quarantaine qui ne font partie que du quadrant I parce qu'ils ont vendu leurs entreprises P, et ils n'investissent maintenant que dans d'autres entreprises. Il est agréable d'avoir des amis qui ont de l'argent et du temps libre pour jouir de la vie.

De l'argent... mais pas de temps libre

Plusieurs de mes amis dans les quadrants E et T ont de l'argent, mais n'ont pas beaucoup de temps libre. Plusieurs gagnent beaucoup d'argent mais ne peuvent pas se permettre d'arrêter de travailler. À mes yeux, cela signifie avoir de l'argent sans jouir de la liberté. C'est pourquoi il est important que vous commenciez à changer votre environnement pour que vous vous mettiez à penser comme ces gens *qui ont* ou *qui veulent avoir* à la fois de l'argent et du temps libre. Il existe une différence dans les mentalités, et pour découvrir celle que vous devez adopter, il vous faut changer d'environnement... rapidement je l'espère.

Mon épouse et moi avons travaillé très dur pendant plusieurs années à bâtir une entreprise et à investir. Au début, on avait l'impression de travailler très dur pour très peu d'argent et nous n'avions pas beaucoup de temps libre. Aujourd'hui, à cause de l'investissement que nous avons fait, nous avons de l'argent et nous avons du temps libre. Maintenant nous travaillons parce que nous le voulons... pas parce que nous y sommes contraints... et il y a toute une différence.

Pourquoi cinq ans?

Donc, si pour l'instant vous ne pouvez vous engager que pour une période de six mois, faites-le. Je vous recommande cependant de vous engager dans un plan quinquennal pour les raisons suivantes.

Première raison: Tel qu'énoncé précédemment, l'apprentissage est un *processus physique*... et l'apprentissage physique prend parfois plus de temps que l'apprentissage intellectuel.

Par exemple, vous pouvez décider d'apprendre à faire de la bicyclette, mais le processus d'apprentissage physique pourrait prendre plus de temps que la prise de décision d'apprendre à faire de la bicyclette sur le plan mental. La bonne nouvelle est qu'une fois que vous aurez appris quelque chose physiquement, en règle générale vous le retiendrez jusqu'à la fin de vos jours.

Deuxième raison: D'un autre côté, le *désapprentissage* est aussi un processus physique. Vous connaissez sûrement l'adage suivant: «Vous ne pouvez pas enseigner de nouveaux tours d'adresse à un vieux chien.» Eh bien, il est heureux que nous soyons des êtres humains et non pas des chiens. Il y a tout de même une bonne part de vérité dans cette idée selon laquelle plus nous vieillissons, plus il devient parfois plus difficile de *désapprendre* quelque chose que nous avons mis des années à apprendre.

L'une des raisons pourquoi tant de gens se sentent plus à l'aise dans les quadrants E et T est qu'ils s'y sentent tranquilles et en sécurité... après tout, ils ont passé des années à apprendre comment se retrouver dans ces quadrants. Par conséquent, bien des gens retournent dans ces quadrants parce qu'ils s'y sentent à l'aise, même si ce confort intellectuel n'est pas avantageux pour eux à long terme.

Prenez votre temps pour *désapprendre* de même que pour apprendre. Pour certaines personnes, la partie la plus difficile quand il s'agit de passer du côté gauche du Quadrant au côté droit du Quadrant consiste à *désapprendre* le point de vue des quadrants E et T. Une fois que vous aurez désappris ce que vous avez appris, je crois que le changement se déroulera beaucoup plus rapidement et facilement.

Troisième raison: Toutes les chenilles se fabriquent des cocons avant de devenir des papillons. L'école de pilotage était mon cocon à moi. Je suis entré à l'école de pilotage à titre de diplômé d'un collège et j'en suis ressorti en tant que pilote, prêt à partir pour le Viêt-nam. Si j'avais fréquenté une école de pilotage civile, je ne suis pas sûr que j'aurais été prêt pour la guerre même si j'étais un pilote. Ce que nous devons apprendre en tant que pilotes militaires est différent de ce que les pilotes civils doivent apprendre. Les compétences sont différentes, l'intensité de la formation est également différente, et la froide réalité de devoir aller à la guerre à la fin de la formation rend aussi les choses différentes.

Il m'a fallu presque deux ans pour compléter une formation élémentaire au pilotage en Floride. J'ai reçu mes ailes, ce qui signifie que je suis devenu pilote, et j'ai été ensuite muté à un cours de pilotage de perfectionnement à Camp Pendleton, en Californie. Là-bas, on nous a entraînés à se battre bien plus qu'à voler. Je ne vous ennuierai pas avec les détails, mais au Camp Pendleton, l'entraînement s'est intensifié.

Maintenant que nous avions complété l'école de pilotage et étions pilotes, nous disposions d'une année pour nous préparer à aller au Viêt-nam. Pour bien nous préparer, nous volions constamment, dans des conditions qui nous mettaient à l'épreuve sur les plans émotionnel, mental, physique et spirituel.

Alors que le programme au Camp Pendleton en était à son huitième mois, quelque chose a changé à l'intérieur de moi. Au cours d'un vol d'entraînement, je suis finalement devenu un pilote fin prêt à partir pour la guerre. Jusqu'à ce jour-là, j'avais volé sur les plans émotionnel, mental et physique. Certaines personnes appellent cela «voler mécaniquement». Au cours de cette mission d'entraînement, j'ai changé sur le plan spirituel. La mission était si intense et si angoissante que tous mes doutes et mes peurs ont disparu soudainement et mon esprit humain a pris la relève. Voler faisait maintenant partie de moi. Je me sentais en paix et chez moi à l'intérieur de l'avion. L'avion faisait partie de moi. J'étais prêt à partir pour le Viêt-nam.

Je ne peux pas dire que je n'avais pas peur... car j'éprouvais de la peur. La même peur d'aller à la guerre était toujours présente. La même peur de mourir ou, pire encore de devenir infirme, était omniprésente. La différence est que j'étais maintenant prêt à aller à la guerre. La confiance que j'avais en moi-même était plus grande que les peurs. Et c'est ce même type de formation qui change toute la vie que je retrouve dans plusieurs entreprises de marketing de réseaux.

Ma démarche pour devenir un homme d'affaires et un investisseur ressemble à peu de chose près au cheminement que j'ai suivi pour devenir un pilote prêt à s'engager dans la bataille. Il m'a fallu faire faillite à deux reprises avant de découvrir soudainement mon esprit... un esprit souvent appelé «l'esprit d'entreprise». C'est un esprit qui me garde sur le côté P et I, peu importe à quel point les choses deviennent difficiles. Je reste sur le côté P et I, plutôt que de revenir au confort et à la sécurité du côté E et T. Je pourrais dire qu'il m'a fallu quinze ans pour acquérir assez d'assurance pour me sentir à l'aise dans le quadrant P.

J'utilise encore le plan quinquennal

Quand je décide d'apprendre quelque chose de nouveau comme, par exemple, d'investir dans l'immobilier, je m'accorde à moi-même cinq ans pour apprendre les méthodes et les techniques. Lorsque j'ai voulu apprendre comment investir à la Bourse, je me suis de nouveau accordé à moi-même cinq ans pour en apprendre les rudiments.

Plusieurs personnes investissent une fois, perdent quelques dollars, et abandonnent ensuite. Elles laissent tomber après leur première erreur et voilà pourquoi elles ne parviennent pas à apprendre. Mon père riche disait: «Un véritable gagnant sait très bien que perdre fait partie du processus qui mène à la victoire. Il n'y a que les perdants de la vie qui pensent que les gagnants ne perdent jamais. Un perdant est celui qui rêve de gagner et qui fait tout son possible pour éviter de commettre des erreurs.»

Je me donne encore cinq ans pour commettre autant d'erreurs que possible. Je le fais parce que je sais que plus je fais d'erreurs et que j'en tire de leçons... plus je serai habile dans cinq ans. Si je ne fais pas d'erreurs pendant cinq ans, alors je ne serai pas plus habile que je ne l'étais il y a cinq ans de cela. Je serai seulement cinq ans plus vieux.

La courbe d'apprentissage

Quand des gens parlent de la courbe d'apprentissage, plusieurs personnes imaginent un graphique pouvant ressembler à celui-ci.

On appelle souvent la courbe d'apprentissage la ligne diagonale courbe qui vient couper l'axe X et Y.

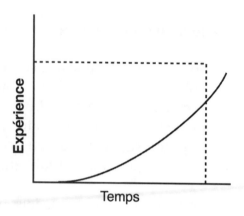

La courbe d'apprentissage de la nature

Mais si vous étudiez la courbe d'apprentissage de la nature, ce n'est pas la courbe d'apprentissage que les êtres humains ont inventé. Pour bien voir la courbe d'apprentissage de la nature, vous n'avez qu'à observer un jeune oiseau se préparant à quitter le nid pour la première fois.

Un jeune oiseau quittant le nid et apprenant à voler est représenté dans le schéma suivant.

64

Voilà la véritable courbe d'apprentissage de la nature. Plusieurs personnes pensent que la courbe d'apprentissage du savoir va vers le haut... et c'est le cas. C'est cette idée populaire de la courbe d'apprentissage que les êtres humains ont inventé pour eux-mêmes.

Cependant, quand vous observez la courbe d'apprentissage de la nature, ou ce que j'appelle la courbe d'apprentissage émotionnel... la courbe d'apprentissage va d'abord vers le bas avant de remonter vers le haut. Bien des gens ne veulent pas ressentir la déprime affective avant d'avoir pu connaître la joie de voler.

La plupart des gens ne réussissent pas dans la vie car ils ne sont pas disposés à traverser cette période de doutes personnels et de frustrations émotionnelles. Cela arrive à plusieurs d'entre nous parce qu'on nous apprend à l'école que les erreurs sont néfastes et doivent être évitées. Alors nous quittons l'école, nous nous assoyons dans le nid, le nid des quadrants E et T, et nous n'apprenons jamais à voler.

Certaines des plus grandes valeurs que véhiculent certains systèmes de formation en marketing de réseaux se traduisent ainsi, à savoir qu'ils:

1. Vous encouragent à quitter le nid au lieu de demeurer un employé loyal.

2. Ont un programme pour vous soutenir pendant les périodes de peur, de doute et de frustration.

3. Ont des mentors qui ont eux-mêmes parcouru le trajet, et qui vous incitent à suivre leurs traces.

4. Ne vous recaleront pas comme cela se fait à l'école, ou ne vous congédieront pas comme dans les entreprises si vous faites le trajet à un rythme mieux adapté à votre propre personne.

5. Veulent que vous passiez du côté droit du Quadrant.

C'est mieux que de passer d'un emploi à un autre

N'est-il pas préférable de prendre le risque d'aller du côté gauche du Quadrant au côté droit, sans garantie, plutôt que de passer toute votre vie à vous accrocher à une sécurité d'emploi, ou à changer continuellement de travail, ou à conserver un poste jusqu'à ce que vous soyez finalement trop vieux pour travailler? Guider les gens à travers les différents quadrants est un service très important que fournissent plusieurs entreprises de marketing de réseaux.

RÉSEAU #4

Valeur #3 :
La valeur de l'accès à une entreprise du quadrant P... sans les coûts élevés inhérents à la création et au soutien d'une entreprise

Quelqu'un m'a demandé un jour: «Si le quadrant P est bien meilleur que tous les autres quadrants, alors pour-quoi n'y a-t-il pas plus de gens qui lancent des entreprises du quadrant P?» Je prenais la parole devant un groupe confessionnel qui m'avait demandé de leur donner un cours sur les affaires et les investissements.

La réponse n'est pas simple... mais on peut y répondre simplement: «*Parce que c'est coûteux.*» Toutefois, la simplicité de la réponse ne parvient pas vraiment à répondre à la question. Quand je dis que c'est coûteux, les frais qu'entraîne la création d'une entreprise du quadrant P vont *bien au-delà de la simple notion d'argent.*

Une des principales raisons pourquoi les entreprises du quadrant T demeurent des entreprises du quadrant T est que les frais engendrés pour passer du quadrant T au quadrant P sont bien plus importants que ce que la plupart des propriétaires d'entreprises du quadrant T peuvent se permettre ou veulent payer. La plupart des gens qui ont une entreprise du quadrant T sont des gens d'affaires polyvalents, touche-à-tout... ce qui veut dire qu'ils sont activement impliqués dans l'entreprise. Pour l'homme d'affaires du quadrant T, «lâcher prise» peut s'avérer une chose très difficile à faire, sinon impossible.

Comment les riches deviennent-ils véritablement riches?

Dans le troisième volume de la série *Père riche, père pauvre, Rich Dad's Guide to Investing*, je raconte comment mon père riche m'a appris à devenir vraiment riche. Les riches ont la faculté de développer une idée et de la concrétiser en une entreprise commerciale du quadrant P. Le livre explique ensuite comment les riches utilisent l'entreprise qu'ils ont créée (un actif) pour investir dans d'autres actifs.

Dans le volume *Rich Dad's Guide to Investing*, je vous révèle comment vous pouvez créer une entreprise de plusieurs millions ou peut-être de plusieurs milliards de dollars avec une seule de vos idées. Même s'il n'est pas tellement difficile de créer une entreprise, vous ne manquerez pas de constater combien il peut s'avérer coûteux d'en bâtir une. Et faut-il le répéter, mon appréciation du mot coûteux va bien au-delà du seul aspect financier.

Une réponse plus détaillée à la question: «Pourquoi n'y a-t-il pas davantage de gens qui créent une entreprise dans le quadrant P?», est également donnée dans cet ouvrage. En simplifiant, la réponse est la suivante: «La tâche est coûteuse et elle n'est pas facile».

Une entreprise du quadrant P à meilleur compte

La valeur #3 démontre qu'une entreprise de marketing de réseaux offre à tous la possibilité de s'engager dans une entreprise du quadrant P à un coût plus abordable et avec beaucoup moins d'efforts. Lorsque j'ai commencé à m'intéresser à ce type d'entreprise, j'ai découvert que les systèmes que mon père riche m'avait appris à construire avaient déjà été créés et étaient accessibles à quiconque voulait se lancer dans une entreprise du quadrant P. La plupart des entreprises de marketing de réseaux que j'ai examinées avaient déjà investi le temps et l'argent nécessaires à la création d'une entreprise du quadrant P. Vous n'avez qu'à investir une petite somme d'argent, souvent inférieure à 500 $, et sans plus attendre, vous faites partie de l'entreprise.

Après vous être joint à l'entreprise, votre tâche consiste simplement à suivre le plan et à travailler à votre rythme pour bâtir votre propre entreprise du quadrant P. Qu'est-ce qu'une personne pourrait demander de plus? Quand je regarde en arrière et que je repense au coûteux et difficile cheminement éducatif auquel j'ai dû m'astreindre pour acquérir le savoir, l'expérience et la sagesse nécessaires pour créer une entreprise du quadrant P, je ne puis que m'émerveiller à quel point l'industrie du marketing de réseaux a rendu facile à chacun l'accès au quadrant P.

À travers l'histoire, le quadrant P était l'apanage des riches. En fait, les personnes des quadrants E et T travaillent pour les personnes du quadrant P... cependant on ne leur parle jamais du quadrant P. Notre système scolaire nous forme à devenir des spécialistes dans les quadrants E et T, mais ne nous enseigne jamais ce qu'il faut savoir pour créer une entreprise du quadrant P.

De nos jours, l'industrie du marketing de réseaux nous permet d'accéder au quadrant P sans qu'il soit nécessaire d'être riche et d'entreprendre de coûteuses études universitaires qui, de toute façon, ne feront de vous qu'un meilleur E ou T. Le système de marketing de réseaux et l'industrie ont rendu un grand service en *assurant l'égalité des chances pour tous*. Ils l'ont fait en donnant à tous la possibilité de devenir vraiment très riches pourvu qu'ils soient prêts à se conformer au système et à entrer dans le monde du quadrant P... celui des «ultrariches».

Le succès ne se mesure pas en termes d'argent

Au cours de la même causerie, j'ai mentionné au début de ce chapitre qu'une autre personne m'avait demandé: «Si le prix d'entrée pour accéder au quadrant P avec l'aide d'une entreprise de marketing de réseaux est si bas, pourquoi donc si peu de personnes parviennent à se hisser au sommet de ce système?»

J'ai remercié la personne pour sa question, puis j'ai formulé le commentaire suivant: «Le fait que peu de gens atteignent le sommet d'un système de marketing de réseaux n'est pas la seule chose à considérer. Ce sommet est accessible à tous, contrairement aux systèmes sociétaires traditionnels qui ne permettent qu'à une seule personne de se hisser au plus haut de l'entreprise.» Poursuivant mon exposé, je leur ai dit que j'avais découvert pourquoi la plupart des gens ne parviennent pas à la cime: c'est tout simplement parce qu'ils abandonnent trop tôt même si le sommet est accessible à tous.

Après avoir acquiescé et réfléchi pendant quelques secondes, mon interlocutrice m'a alors demandé: «Si le sommet est accessible à tous, pour quelles raisons les gens abandonnent-ils donc? Pourquoi une personne abandonnerait-elle alors qu'elle est si près du but?

– Voilà une très bonne question», ai-je répliqué. Après réflexion, j'ai répondu en pesant bien mes mots: «Je sais que de nombreuses raisons permettent d'expliquer pourquoi les gens ne parviennent pas à se hisser au sommet d'une entreprise de marketing de réseaux. Je ne peux vous dire que ce que je pense et ce que j'ai observé.

– Et qu'avez-vous observé?» a demandé la jeune femme.

Rassemblant mes pensées, j'ai répondu en ces termes: «La plupart des gens ne s'y lancent que pour faire de l'argent. S'ils n'en font pas dans les premiers mois, ils se découragent, abandonnent, et souvent dénigrent l'industrie du marketing de réseaux. D'autres quittent pour se mettre à la recherche d'une entreprise offrant une rémunération plus avantageuse. La perspective de faire quelques dollars rapidement ne saurait être la raison de se lancer dans ce genre d'entreprise.

– Si ce n'est pas pour l'argent, pourquoi alors diriez-vous à une personne de s'y engager?» a demandé un autre étudiant de ma classe.

– Pour deux raisons», lui ai-je répondu. La *première raison* c'est pour vous aider vous-même et la *deuxième raison* c'est pour aider les autres. Si vous vous joignez à l'entreprise pour une seule de ces raisons, le système ne *pourra pas* fonctionner à votre avantage.

– Une seule raison n'est donc pas suffisante? a dit un autre étudiant. «Qu'entendez-vous par là?» La petite classe semblait de plus en plus intéressée aux rouages de l'industrie du marketing de réseaux. «Assurément», ai-je répliqué. «La première raison, qui est de vous aider vous-même, signifie que vous vous engagez dans ce type d'entreprise essentiellement pour changer de quadrant. Vous voulez passer du quadrant E ou T au quadrant P.

– Pourquoi la chose est-elle difficile à faire?» a demandé un jeune homme. «J'ai un diplôme universitaire. Pourquoi ce changement serait-il difficile pour moi?

– Encore une autre bonne question», lui ai-je répondu. J'ai poursuivi en expliquant ce que j'avais écrit dans ce livre concernant la Valeur #1... soit la valeur d'une formation commerciale qui change toute une vie. J'ai également expliqué que le passage d'un quadrant à un autre exige un changement sur les plans mental, émotionnel, physique et spirituel... ce qui requiert souvent plus de temps qu'il n'en faut pour décrocher un diplôme universitaire. Précisant davantage ma pensée, j'ai poursuivi en disant que mon père riche a consacré plus de trente ans à m'enseigner à penser comme une personne du quadrant P ou I, et je continue encore à apprendre à devenir plus habile à performer dans ces quadrants. «Et c'est pourquoi le plan éducatif d'une entreprise de marketing de réseaux est plus important que ses produits et son régime de rémunération.»

Le même étudiant m'a alors demandé: «Pourquoi donc ce changement est-il difficile pour les gens?

– L'argent», lui ai-je répondu vivement. «L'argent rend ce changement difficile.

– Quoi?» a dit un autre étudiant à voix haute. «Pourquoi donc l'argent rendrait-il la chose difficile s'il n'en faut pas beaucoup pour commencer?

– Parce que les personnes appartenant véritablement aux quadrants E et T ne travaillent pas à moins de le faire pour de l'argent. L'argent est la motivation fondamentale des personnes des quadrants E et T.

– Et quelle est donc la motivation première des personnes des quadrants P et I?» a demandé l'étudiant qui semblait maintenant quelque peu irrité à mon endroit. «Voulez-vous dire qu'elles ne travaillent pas pour de l'argent?

– Oui, elles le font, mais de façon différente», ai-je répondu calmement, me rendant compte que je touchais maintenant à des valeurs essentielles et profondes. Lorsque les valeurs fondamentales d'une personne sont remises en question, il en résulte souvent de la colère.

– Alors, pourquoi une personne des quadrants P ou I travaille-t-elle si fort?» m'a demandé un autre étudiant d'âge mûr.

– Une personne du quadrant P se constituera ou se créera un actif... dans ce cas-ci un système commercial, alors qu'une personne du quadrant I investira dans l'actif ou le système.

– Quelle est donc la différence?» a dit une jeune femme.

– Parfois, vous ne gagnez pas d'argent pendant des années, et d'autres fois vous n'en faites jamais», lui ai-je répondu simplement. Les personnes qui appartiennent vraiment aux quadrants E et T n'accepteront pas de travailler pendant des années sans être payées... et elles n'aiment définitivement pas tenter leur chance de travailler dur pendant des années... et de courir le risque de n'être jamais rémunérées. Cela ne fait pas partie de leurs valeurs fondamentales. Le risque et les rétributions différées les perturbent au point de vue émotionnel.

– Des rétributions différées?» a demandé la jeune femme. «Je comprends la crainte suscitée par le risque, mais quelle est donc l'émotion sous-jacente à ces rétributions différées?

– Voilà une autre excellente question», ai-je répliqué avec un grand sourire. «C'est l'une des plus importantes questions que vous pouvez poser à propos de l'intelligence émotionnelle.

– L'intelligence émotionnelle?» a alors demandé l'étudiant possédant un grade universitaire. Est-ce différent de l'intelligence qu'exige la poursuite des études?

– Nettement», lui ai-je répondu. «En général, les personnes dotées d'une intelligence émotionnelle supérieure réussissent souvent mieux que celles qui font preuve d'une intelligence supérieure dans le domaine des études, mais dont l'intelligence émotionnelle est faible. Et cela explique en partie pourquoi certaines personnes réussissent bien à l'école, mais pas dans la vie de tous les jours.»

Le même étudiant diplômé a alors levé la main. «Si j'ai bien compris, après leurs études, la plupart des étudiants se mettent immédiatement en quête d'un emploi hautement rémunéré dans le quadrant E. D'autre part, une personne du quadrant P investira encore plus de temps pour mettre sur pied une entreprise du quadrant P... et elle pourrait bien ne pas être rémunérée pendant des années. Est-ce bien cela les rétributions différées?»

Faisant oui de la tête, j'ai répondu: «C'est tout à fait cela. Quand je suis revenu du Viêt-nam, bon nombre de mes amis et de mes camarades de classe qui avaient échappé au service militaire avaient bien progressé dans leurs carrières. Ils commençaient à toucher des salaires passablement intéressants. Au lieu de suivre leurs traces, j'ai passé tout mon temps avec mon père riche pour apprendre comment créer des entreprises. Au cours de cette période, j'ai connu certains désastres financiers. Entre 1975 et 1985, je me suis débattu et j'ai souvent échoué pendant mon apprentissage. Mon épouse Kim et moi avons même été sans foyer pendant trois semaines durant cette période... mais nous n'avons jamais réintégré les quadrants E ou T.

«Les choses ont commencé à se replacer vers 1986 et en 1994, nous sommes devenus indépendants sur le plan financier. Cette même année, nous avons vendu notre entreprise et nous avons pris notre retraite. J'avais alors 47 ans et mon épouse en avait 37. Nous avions atteint le statut de millionnaires : nous possédions des investissements et nous avions réalisé notre objectif de liberté financière. Mes camarades de classe continuaient toujours de travailler et certains d'entre eux espéraient même pouvoir gagner de 100 000 à 250 000 $ par année.

«Cela illustre le pouvoir des rétributions différées et d'un dur labeur dans le quadrant P. Il est préférable de bâtir une entreprise plutôt que d'occuper un poste et de se cramponner à l'illusion de la sécurité d'emploi. Aujourd'hui, nous gagnons des millions chaque année, et techniquement parlant nous n'avons pas vraiment d'emplois. Notre travail consiste simplement à créer des entreprises et à faire des placements.»

L'étudiant détenteur d'un diplôme universitaire a de nouveau levé la main et a dit : «Donc, il peut résulter de l'intelligence émotionnelle associée à de bonnes compétences en affaires une formation plus puissante encore.»

Après avoir approuvé d'un signe de tête, j'ai dit : «Toute la beauté de la formation du marketing de réseaux réside dans le fait qu'elle se concentre à la fois sur le développement de votre intelligence émotionnelle de même que sur vos compétences en affaires.

– Vous voulez dire qu'il faut travailler dur pour des bénéfices à long terme plutôt que pour des bénéfices à court terme», a dit un autre étudiant. «C'est ce que vous entendez par des rétributions différées?

– C'est exact», lui ai-je répondu. «Dans une étude récente sur l'intelligence émotionnelle, on a constaté que les personnes capables d'attendre avant d'obtenir leurs rétributions avaient souvent des vies plus satisfaisantes et plus fructueuses que les gens qui ne le pouvaient pas.»

Une jeune femme a alors demandé: «La dépendance pourrait-elle représenter le contraire des rétributions différées?

– Je vais vous en fournir un exemple», lui ai-je dit. «Les personnes aux prises avec une dépendance n'ont pas de résistance émotionnelle à certaines impulsions extérieures. Les personnes qui s'adonnent à l'alcool ne peuvent dire "non" à l'alcool. Émotionnellement et physiquement, elles en ont un besoin maladif même si mentalement elles peuvent se dire: *"Ne bois pas"*. C'est également vrai pour la cigarette. Vous pouvez dire à un fumeur de cigarettes invétéré: "Ne fume pas", ou "Fumer peut te tuer de même que ceux qui t'entourent". Sur le plan mental, cela est très sensé, mais sur les plans émotionnel et physique, il se montre incapable d'arrêter de fumer. Ces personnes sont incapables de remettre à plus tard la recherche de certaines satisfactions ou rétributions, ou n'ont pas suffisamment de volonté quand il s'agit de faire face à leurs dépendances.

«Les personnes qui n'ont pas la capacité de différer la recherche de certaines satisfactions, ou qui sont aux prises avec une dépendance ne peuvent pas se retenir quand il est question de nourriture, de sexe, de tabac, d'alcool, de télévision, etc. La dépendance ou l'incapacité à différer la recherche de certains plaisirs, satisfactions ou rétributions est le signe d'une faible intelligence émotionnelle.

– Est-ce que l'argent est une substance qui peut engendrer une dépendance?» a demandé un autre étudiant.

– Oui, c'est le cas pour bien des gens. Comment donc pourrait-on expliquer autrement la psychose entourant l'argent? Les gens passent leur existence à occuper un emploi qu'ils n'aiment pas et à gagner moins d'argent qu'ils ne le voudraient, mais jamais assez pour combler leurs besoins. Quel gaspillage éhonté! D'autres personnes volent d'autres gens pour se procurer de l'argent. Quel comportement insensé! D'autres font des mariages d'argent et d'autres vivent en lésinant pour amasser de l'argent. À mon avis, il s'agit là de comportements véritablement psychotiques.

La jeune femme de tout à l'heure a alors résumé ce que je venais de dire: «Voilà donc pourquoi vous dites que l'argent est la principale raison pourquoi les gens trouvent cela difficile de passer des quadrants E ou T au quadrant P. C'est également *l'argent* qui explique leur incapacité à se hisser au sommet du système de marketing de réseaux. S'ils ne visualisent pas la possibilité de toucher une grosse somme d'argent dans une année ou deux, ils abandonnent la partie, au lieu de changer d'abord de quadrant sur les plans mental, émotionnel, physique et spirituel. Ils visent davantage l'argent que de changer de quadrant.

– C'est exact», ai-je répliqué avec enthousiasme. «Je n'aurais pas pu dire mieux. Tous ne seront pas d'accord avec moi et je ne m'attends pas à ce qu'ils le soient. Toutefois, c'est ainsi que je vois les choses.

– C'est donc pour cela que vous pensez que les systèmes éducatifs d'une entreprise de marketing de réseaux sont si importants? Ce sont les aspects de la formation ou de l'intelligence émotionnelles que vous aimez dans les programmes de ce genre d'entreprises?

– On ne saurait mieux dire. Comme je le disais précédemment, mon père pauvre, qui était un professeur, était littéralement cramponné à sa sécurité d'emploi et à son salaire régulier pour régler les factures. Lorsqu'il se sentait menacé de quelque façon par ces mêmes factures ou par la peur de perdre sa sécurité d'emploi, il ne pouvait plus penser clairement. Son émotivité l'emportait alors et il disait des choses telles que: "Eh bien, ça prend absolument de l'argent. Il faut à tout prix payer les factures. On ne peut pas travailler et ne pas être payé."

– Était-il charitable?» a demandé un autre étudiant.

– Oui, il croyait à la charité et faisait du bénévolat. Mes deux pères étaient des hommes très généreux. Toutefois, il ne faut pas confondre la charité et le bénévolat, avec la création d'une entreprise et le fait de différer les récompenses ou les rétributions financières. Il existe des différences entre ces choses.

– Vous dites que votre père pauvre était dépendant de son salaire?» a dit un autre étudiant.

– Oui», ai-je répliqué. «Et cette peur de manquer d'argent a amené mon père pauvre à considérer comme des valeurs fondamentales la sécurité d'emploi et un salaire régulier garanti dans le quadrant E, plutôt que d'investir son temps dans la création d'une entreprise dans le quadrant P, comme mon père riche l'avait fait.»

Le diplômé d'université a alors levé la main et a dit: «Donc, ce sont les émotions d'une personne plutôt que la formation scolaire qui particularisent les quadrants. Est-ce bien ce que vous êtes en train de dire?

– Oui. Si vous considérez les gens les plus célèbres des quadrants P et I au cours de l'histoire récente, des personnes telles que Henry Ford, fondateur de *Ford Motor Company;* Thomas Edison, fondateur de *General Electric;* Ted Turner, fondateur de *CNN;* Bill Gates, fondateur de *Microsoft;* et Michael Dell, fondateur de *Dell Computers.* Veuillez noter que tous ces gens font partie des «ultrariches» et qu'ils ont tous abandonné leurs études. Aucun d'eux ne possède un diplôme d'études universitaires.

– Nous conseillez-vous de ne pas aller à l'école? a alors demandé le diplômé d'université.

– Non... bien sûr que non. Une éducation formelle est plus importante aujourd'hui que jamais auparavant. Mais je dis à tous ceux qui rêvent de devenir des entrepreneurs tels que Bill Gates, Michael Dell ou Anita Roddick de *Body Shop Fame*, que plusieurs entreprises de marketing de réseaux offrent un enseignement que les écoles traditionnelles ne fournissent pas. Cet enseignement est celui des quadrants P et I sur les plans émotionnel, mental, physique et spirituel.

Combien cela coûte-t-il pour créer une entreprise du quadrant P?

Le cours que je donnais à ce groupe confessionnel tirait maintenant à sa fin. Il me restait environ une heure; j'ai donc demandé s'il y avait d'autres questions.

«Combien cela coûte-t-il donc pour créer une entreprise du quadrant P? Disons que je ne veux pas emprunter la route du marketing de réseaux et que je veux simplement lancer ma propre entreprise dans le quadrant P. Combien cela va-t-il me coûter?» a demandé une autre personne.

J'ai réfléchi à cette question pendant quelques instants puis j'ai dit: «Cinq années de travail au minimum et cinq millions de dollars, et cela sans compter sur la chance, le marché, l'expérience, la formation, les aptitudes et le choix du moment propice.

– J'ai les cinq ans mais je n'ai pas les cinq millions. Comment puis-je obtenir l'argent? a demandé le participant.

– Il existe bien des façons», ai-je dit. «Mais là encore, tout cela fait partie de votre formation en ce qui a trait aux quadrants P et I. Laissez-moi de nouveau attirer votre attention sur un point.

– Quel est-il? a alors demandé le même participant.

– C'est la *question d'argent* qui freine la plupart d'entre vous. Je peux presque entendre votre intelligence émotionnelle et mentale crier: "Cinq millions?"» J'ai fait une pause, j'ai parcouru des yeux toute la salle et je pouvais voir la réponse dans la plupart des regards. «Ai-je raison?» ai-je demandé. «C'est l'argent qui vous arrête?»

Quelques-uns ont fait signe que oui. D'autres m'ont lancé un regard furieux. Finalement un être courageux parmi ceux qui avaient acquiescé a dit: «Par conséquent, voulez-vous dire que le besoin d'argent nous condamne aux quadrants E et T? Et que le besoin d'argent ne vous arrête pas, vous?»

J'ai acquiescé en silence. Après une pause, j'ai dit doucement: «Et c'est pourquoi je recommande le système éducatif du marketing de réseaux. L'une des plus importantes leçons que mon père riche m'a enseignées était que le manque d'argent ne devrait jamais m'empêcher d'atteindre ce que je veux atteindre. Si vous pouvez apprendre cela une fois pour toutes, vous aurez vaincu la dépendance inhérente au pouvoir de l'argent, ce pouvoir qui contrôle les vies de la plupart des gens.

– Donc, même si vous n'aviez pas d'argent, vous pourriez trouver les cinq millions pour créer une entreprise?

– Je l'ai fait à plusieurs reprises. En fait, c'est ce que je fais constamment de nos jours. Mais la différence c'est que mon père riche m'a formé à le faire. Si vous voulez investir de dix à vingt années de votre vie et risquer des millions de dollars pour apprendre à le faire, alors allez-y! Partez de zéro. Mais si vous voulez conserver votre emploi régulier et apprendre à créer une entreprise dans vos temps libres, si vous voulez un apprentissage qui comporte moins de risques et de dépenses, alors recherchez une entreprise de marketing de réseaux qui vous instruira à penser comme une personne des quadrant P et I.»

Accepteriez-vous d'être mon mentor?

Au moment de rassembler mes notes et de quitter la salle, un participant a levé la main et a dit: «Pourriez-vous me donner un emploi dans votre entreprise pour que vous puissiez être mon mentor?»

Je suis resté saisi et j'ai déposé mes notes. Faisant de mon mieux pour contrôler mes émotions, j'ai fait une pause, j'ai regardé le plafond et je lui ai répondu. Il y avait un silence de mort dans la salle car les gens avaient compris que cette dernière question ne m'avait pas plu. «Je reçois souvent des lettres de gens qui écrivent: "J'aime votre livre *Père riche, père pauvre.*" D'autres écrivent des choses comme celle-ci: "J'ai une idée. Tout ce que vous avez à faire c'est de me donner 1 000 $, je vais partager mon idée avec vous, et nous pourrons être des associés." Ou bien ils écrivent et disent des choses comme cette personne vient tout juste de demander: "S'il vous plaît, donnez-moi un emploi pour que je puisse passer du temps avec vous et que vous deveniez mon mentor." Pourquoi ne voudrais-je pas donner mille dollars à un associé pour son idée ou être le mentor de quelqu'un qui a besoin d'un emploi?» ai-je demandé au groupe.

Il y eut un long silence pendant que le groupe, quelque peu mal à l'aise, a réfléchi à la question que j'avais posée. Finalement, une personne courageuse a levé la main et a demandé: «Eh bien, quel mal y a-t-il à donner de l'argent à quelqu'un pour son idée?

– Excellente question. Pour commencer, il y a des idées en abondance. Chaque personne que je connais a une idée de plusieurs millions de dollars dans sa tête. Le problème est que la plupart des gens ne savent pas comment transformer cette idée en millions de dollars. Mais pourquoi ne donnerais-je pas mille dollars à une personne pour son idée?»

Le diplômé d'université a alors levé la main et dit: «Parce que vous ne voulez pas être son associé.

– C'est exact. Je ne m'associe pas avec des gens qui ont besoin d'argent. Les personnes qui demandent d'abord de l'argent sont généralement du côté E et T du Quadrant. Je suis prêt à payer des gens qui font partie des quadrants E et T, mais pas pour être mes associés dans le côté P et I du Quadrant.

– Cela n'est pas équitable», a dit une autre personne à voix haute. «On doit vous payer quand vous apportez votre contribution.

– Je suis d'accord. Mais la question est de savoir à quel moment vous serez payés. Voyez-vous, d'authentiques E et T doivent être payés. Ils veulent leur garantie. D'authentiques P et I sont payés seulement si leurs entreprises sont créées et deviennent prospères.»

Je les ai laissés réfléchir pendant un moment. J'ai ensuite abordé lentement mes dernières remarques: «Voyez-vous, bien des gens écrivent et disent qu'ils aiment mon livre *Père riche, père pauvre*. Mais j'ai bien peur que plusieurs ne saisissent pas le point le plus important de ce livre. Ce point se trouve dans la première leçon de *Père riche, pauvre*. Qui donc se souvient du contenu de la première leçon?»

Un nouveau silence plana sur la salle. Finalement, un des participants sortit son livre et le feuilleta jusqu'à la première leçon. «La première des six leçons est que: "Les riches ne travaillent pas pour l'argent".»

Faisant oui de la tête, j'ai dit: «Vous souvenez-vous quand je travaillais pour dix sous de l'heure? Vous rappelez-vous quand j'ai demandé une augmentation? Et vous souvenez-vous que mon père riche m'avait alors enlevé mon dix sous de l'heure et demandé de travailler pour rien?»

La plupart des participants firent signe que oui.

«Mais si vous ne travaillez pas pour l'argent, pour quoi donc travaillez-vous? a demandé un participant.

– Je travaille pour *créer des actifs* et c'est ce qu'une personne du quadrant P fait, ou bien je travaille dur à *acquérir des actifs*, c'est ce qu'une personne du quadrant I fait. Une fois que je possède ces actifs, ces derniers travaillent dur à me rapporter de l'argent... mais je ne travaillerais pas seulement pour l'argent. Il me faut des actifs. C'est pourquoi je travaille uniquement à créer et à acheter des actifs... des actifs qui à leur tour me rendent de plus en plus riche tout en travaillant de moins en moins. Voilà ce que les riches font tandis que les pauvres et la classe moyenne travaillent dur pour de l'argent et achètent ensuite des *valeurs passives* au lieu d'*investir dans des actifs*.

– Alors, une entreprise de marketing de réseaux représente quel genre d'actif? a demandé une jeune femme.

– Oh mon Dieu!» ai-je dit en haussant la voix. «Merci de me rappeler ce détail. J'en avais presque oublié de terminer ce que j'avais commencé à dire. Vous souvenez-vous m'avoir entendu dire qu'il y avait deux conditions requises pour réussir dans une entreprise de marketing de réseaux?»

Le groupe a alors acquiescé.

«Nous avons traité de la première condition qui consiste à vous aider vous-mêmes. Est-ce exact?» ai-je demandé.

– À nous aider nous-mêmes à passer au côté P du Quadrant. Est-ce bien ce que vous voulez dire?» a demandé un participant.

– C'est tout à fait exact», ai-je dit. «Et quelle est la deuxième condition?» ai-je demandé.

– Pour aider les autres», ont affirmé plusieurs participants à l'unisson.

– Pour aider les autres à faire quoi?» ai-je demandé.

Le groupe demeura silencieux pendant un moment. «Pour aider les autres à faire de l'argent?» a finalement dit quelqu'un.

J'ai souri en secouant la tête. «C'est encore cette question d'argent qui refait surface. Toute la beauté de la plupart des systèmes de marketing de réseaux est que vous ne faites pas vraiment beaucoup d'argent à moins d'aider d'autres personnes à quitter les quadrants E et T et à réussir dans les quadrants P et I. Si vous vous concentrez à aider les autres, alors vous aurez du succès dans ce genre d'entreprise. Mais si vous voulez seulement vous enseigner à vous-même à être une personne des quadrants P et I, alors un véritable système de marketing de réseaux ne fonctionnera pas dans votre cas. Vous pourriez tout aussi bien vous inscrire à une école commerciale traditionnelle qui se concentrera uniquement à faire de vous une personne du quadrant P.

– Donc, si je me joins à une entreprise de marketing de réseaux, mon travail consiste à passer dans le côté P et I du Quadrant et à aider les autres à y parvenir également.

– Le système ne fonctionnera pas à moins que vous n'ayez à l'esprit ces deux conditions. Toute la beauté d'une entreprise de marketing de réseaux est que vous voulez créer des actifs, lesquels sont les autres P qui travaillent au-dessous de vous et leur travail est alors de créer d'autres P travaillant au-dessous d'eux. Dans le monde traditionnel des affaires, le P ne peut avoir que des E et des T qui travaillent pour lui», ai-je ajouté.

Le diplômé d'université a alors renchéri. «Par conséquent, cela signifie que le système traditionnel d'entreprise est vraiment une pyramide. C'est une pyramide parce qu'il y a peu de P et de I au sommet et davantage de E et de T à la base. Un système de marketing de réseaux est une pyramide inversée, ce qui veut dire que son but principal consiste à faire monter de plus en plus de P jusqu'au sommet.

– Excellent», ai-je répliqué. «Le genre d'entreprise qu'on m'a enseigné à bâtir est une entreprise où je suis au sommet et où des E et des T sont à la base. Je n'ai vraiment pas suffisamment de place au sommet pour plusieurs autres P. Et c'est pourquoi dans mes entreprises, je recommande à tous mes employés de considérer le marketing de réseaux afin de créer leur propre entreprise à temps partiel, tout en travaillant dans mon entreprise à plein temps.

– Alors pourquoi ne créez-vous pas votre propre entreprise de marketing de réseaux?» a demandé un jeune homme..

– J'ai étudié la question, mais j'ai finalement pris conscience qu'il est beaucoup plus facile de soutenir des organisations existantes que d'en créer une. J'ai essayé de vous dire que si vous voulez vraiment utiliser votre idée et bâtir votre propre entreprise du quadrant P, procurez-vous alors mon livre *Rich Dad's Guide to Investing*, et lisez ce qu'il faut faire pour créer une entreprise du quadrant P. Vous pourrez ensuite décider si vous voulez vous servir de votre idée de plusieurs millions de dollars et la transformer en millions de dollars. Vous avez toujours le choix.»

Une autre participante a levé la main et a dit: «Donc, une pyramide a sa base sur le sol et l'autre pyramide a sa base dans les airs... cela ressemble beaucoup à une pyramide à l'envers. Une pyramide qui nous hisse vers le haut et qui ne nous pousse pas vers le bas.

– Cela marche dans mon cas», ai-je dit. «Les entreprises de marketing de réseaux nous donnent à tous accès à ce qui était autrefois le domaine des seuls riches. Aujourd'hui, l'unique question est la suivante: «Voulez-vous vraiment être riches?»

RÉSEAU #5

Valeur #4:
La valeur d'investir dans les mêmes investissements que les riches

«**P**ouvez-vous me dire comment acheter des biens immobiliers sans mise de fonds?

Je suis constamment surpris du nombre de fois qu'on me pose ce genre de questions. Je sais que de tels investissements existent, mais j'ai cherché à comprendre pourquoi tant de gens sont à l'affût d'investissements qui n'exigent aucun argent. J'ai découvert que la raison pourquoi les gens recherchent un *investissement immobilier sans acompte initial* est parce qu'ils n'ont pas du tout d'argent.

On me demande également souvent: «J'ai cinquante mille dollars à investir. Dans quoi devrais-je l'investir?»

Ma première réponse est la suivante: «Est-ce tout ce que vous avez à investir? En d'autres mots, ce montant constitue-t-il 100 % de votre capital de placement?

Et plus souvent qu'autrement, la réponse est celle-ci: «Oui. C'est tout ce que j'ai.»

Ma réponse typique à ces gens qui ont peu ou pas d'argent à investir est la suivante: «Demandez conseil auprès de planificateurs financiers et créez un plan d'investissement à long terme. Investir est en soi un plan.» Un plan est la première chose dans laquelle une personne doit d'abord investir, avant d'investir son argent, puis cette personne se doit ensuite de suivre le plan.

Des investissements pour les riches

Dans chaque ville, il y a des quartiers de riches, de pauvres et de la classe moyenne. Cela se vérifie à travers le monde. Il en va de même pour les investissements.

Je recommande aux gens d'envisager le marketing de réseaux à cause de la notion investissement que ce genre d'entreprise a à offrir. Les gens qui réussissent dans le marketing de réseaux peuvent se permettre d'investir dans les mêmes genres de placements que les très riches. La plupart des gens des quadrants E et T n'ont pas les moyens d'investir dans les placements des riches pour la simple raison qu'ils ne gagnent pas suffisamment d'argent.

La commission des valeurs mobilières des États-Unis exige qu'une personne ait un salaire annuel d'au moins deux cent mille dollars pour un individu, ou trois cent mille dollars par année pour un couple, et des biens d'une valeur nette de plus d'un million de dollars. Cela constitue une exigence minimale pour être considéré comme un investisseur accrédité et pour se qualifier dans le domaine des investissements pour les riches. Moins de 4 % de tous les Américains satisfont à cette exigence. Cela signifie que seul un petit nombre de gens a la possibilité d'investir dans les placements les plus profitables du monde... Et c'est là une raison de plus pourquoi les riches deviennent plus riches.

Deux raisons d'investir

Dans le troisième de la série *Père riche, Rich Dad's Guide to Investing*, je traite de deux types de problèmes fondamentaux en ce qui a trait à l'argent. Le problème de ne pas avoir suffisamment d'argent et celui d'en avoir trop. Il s'ensuit qu'il y a également deux raisons premières pour investir:

1. Les gens investissent parce qu'*ils n'ont pas suffisamment d'argent*.

2. Les gens investissent parce qu'*ils ont trop d'argent*.

Il y a plusieurs années, mon père riche a commencé à me parler de ces deux types de problèmes fondamentaux concernant l'argent. Il m'a dit: «Tout le monde a des problèmes d'argent... même les riches. Les pauvres ont le problème de ne pas avoir assez d'argent et les riches ont celui d'en avoir beaucoup trop. Quel type de problèmes d'argent veux-tu affronter quand tu seras adulte? Il va de soi que j'ai choisi le problème qui consiste à avoir trop d'argent.

Mon père riche disait aussi: «Les personnes élevées dans une famille qui a le problème de ne pas avoir suffisamment d'argent pensent souvent que le fait de *ne pas avoir* assez d'argent est la seule sorte de problèmes d'argent qui existe.»

L'un des avantages d'avoir eu à la fois un père pauvre et un père riche est que j'ai pu faire la distinction entre les deux types de problèmes d'argent. Mon père pauvre disait souvent: «Je souhaiterais avoir de l'argent à investir mais je n'en fais pas suffisamment.» Mon père riche affirmait souvent: «Il me faut trouver d'autres investissements parce que je gagne trop d'argent. Si je n'investis pas mes revenus excédentaires, le gouvernement viendra me les prendre en taxes et impôts.»

Investir parce que vous avez trop d'argent

Il y a quelques mois, j'enseignais les opérations d'investissement aux leaders et à leurs familles d'une entreprise de marketing de réseaux. Il y avait environ deux cents personnes dans la classe. Les leaders de l'entreprise m'avaient invité pour enseigner au groupe comment investir, car plusieurs parmi eux avaient ce fameux problème d'avoir *trop* d'argent, et ce problème faisait en sorte que plutôt que d'investir leurs revenus excédentaires, ils les gaspillaient tout simplement. Comme l'un des leaders me le confiait: «Nous faisons un bon travail quand nous leur enseignons à être des propriétaires d'entreprises prospères dans le quadrant P, mais nous ne leur enseignons pas quoi faire avec leur argent dans le quadrant I.

Une fois que le groupe a compris toute la puissance qui résulte de pouvoir exploiter à la fois les avantages des quadrants P et I, un monde entièrement nouveau de possibilités financières s'est ouvert à eux. Pour plusieurs de ces gens, les lumières se sont allumées et ils ont pu finalement voir le royaume magique de l'argent.

D'ailleurs, la séance du matin de la classe a été suffisamment simple avec mon cours habituel de grandes perspectives sur les différentes stratégies de placements. Puis je les ai fait jouer à mon jeu éducatif *CASHFLOW 101®*. Plusieurs étaient déjà des experts avec le 101, et ils se sont donc mis à jouer à *CASHFLOW 202®*, le jeu pour investisseurs avertis.

Quand la partie fut terminée, j'ai passé une heure à recueillir les témoignages des joueurs afin de découvrir ce qu'ils avaient appris. La conversation était vivante et animée. Certains des commentaires étaient les suivants:

1. «J'ai vu toute ma vie financière défiler devant moi. Je fais de l'argent puis je le dépense au complet. Je sais maintenant que je peux cesser de gérer mon argent comme un homme pauvre. J'ai finalement appris comment gérer mon argent comme un homme riche.»

2. «Je me rends compte que j'ai besoin d'un nouveau comptable. Le mien est peut-être bon mais ce n'est pas un bon investisseur.»

3. «C'était un jeu difficile... mais c'est la vraie vie. Je veux changer ma façon de conduire ma vraie vie. Ça n'a aucun sens de faire de l'argent et de le jeter ensuite par la fenêtre. Je vais traiter l'argent que je gagne avec plus de respect.»

4. «Je suis heureux parce que quelque chose m'a finalement enseigné comment faire travailler l'argent à mon avantage plutôt que ce soit moi qui travaille dur pour de l'argent. Ce jeu a changé ma vie.»

5. «Ce jeu était bénéfique parce que j'ai pu voir mon passé, mon présent et mon avenir... et mon avenir va être très différent de mon passé et de mon présent.»

Au cours de la séance de l'après-midi, nous avons fait davantage de planification stratégique. En montrant du doigt les quadrants P et I du Quadrant CASHFLOW, j'ai dit: «Nous allons maintenant aborder la façon d'exploiter le pouvoir de ces deux quadrants.»

L'un des participants a levé la main et a dit: «Vous voulez dire qu'il y a différentes stratégies d'investissement pour les différents quadrants?

– Assurément», ai-je dit. «Il y a plusieurs années, mon père riche a dessiné le Quadrant, puis il a tracé des flèches comme je le fais en ce moment.»

«Qu'est-ce que ce schéma représente?» a demandé alors le même participant.

– Il représente simplement la façon d'investir des différents quadrants. Les gens du quadrant E, ou les employés, voudront souvent des placements sûrs et garantis, tout comme ils accordent de la valeur à un emploi sûr et garanti avec un bon plan de retraite. S'ils investissent de leurs propres initiatives, plusieurs vont investir dans les fonds communs de placement. Ces gens vont souvent utiliser des mots tels que: "Diversifier, investir à long terme et amélioration des prix moyens d'un titre." S'ils désirent un peu plus d'excitation, ils se rendent dans un casino ou achètent quelques billets de loterie... mais pour la plus grande part, leurs investissements sont sûrs et garantis, ou du moins ils espèrent qu'ils le sont.

– Et le quadrant T investit différemment?» a demandé un autre participant.

«Un authentique investisseur du quadrant T, c'est-à-dire un travailleur autonome ou un propriétaire de petite entreprise, investira dans ce que j'appelle la méthode pratique d'investissement. Étant les individus du monde du travail qui tiennent à leur indépendance financière, ils investissent à la manière des individus déterminés qu'ils sont. Donc, s'ils investissent dans l'immobilier, ils investissent souvent dans d'anciennes maisons qui ont besoin de réparations... parce qu'ils veulent acquérir de l'expérience pratique. Bien souvent, ils aiment rénover des choses. Ils vont aussi s'occuper de biens immobiliers et les vendre par eux-mêmes, pour épargner simplement sur les frais et les commissions. Si les toilettes brisent, ils les réparent.

«Ce type d'investisseur investira rarement dans un immeuble plus grand qu'une maison jumelée (deux logements) ou qu'une maison quadrifamiliale (quatre logements locatifs). Tout immeuble qui représente cinquante logements ou plus serait probablement un investissement trop important et trop difficile pour en assurer soi-même l'entretien, surtout quand il s'agit de réparer les toilettes. S'ils investissent dans des actions, ces adeptes du "faites-le-vous-même" aiment spéculer à jour avec des options sur actions, ou bien ils lisent les journaux financiers, regardent à la télévision la chronique des placements, et ils choisissent leurs propres actions», ai-je dit.

– Alors quelle est la différence entre la façon d'investir d'un propriétaire d'entreprise du quadrant P et d'un propriétaire d'entreprise du quadrant T?» a demandé un autre participant. «Je pose cette question parce que ce que vous venez tout juste de dire me trouble.

– Qu'est-ce que j'ai dit pour vous troubler?» ai-je demandé.

– Parce que je suis ce gars qui possède une maison jumelée. Je suis ce même gars qui répare les toilettes. Et je suis cet individu qui essaie de choisir ses actions en lisant les journaux financiers et en regardant les réseaux de télévision qui traitent de la finance. Vous venez tout juste de dire que je suis dans le quadrant P mais que je continue d'investir comme quelqu'un du quadrant T.»

Investir comme les «ultrariches»

«C'est bien possible», ai-je dit en riant. «Au moins vous êtes actif et vous investissez et il n'y a rien de mal à investir comme une personne du quadrant T. Mais je suis ici aujourd'hui pour vous dire que vous possédez le potentiel pour investir à la manière des "ultrariches"... tout simplement parce que vous avez le courage de travailler dans le quadrant P.

– Voulez-vous dire que je perds mon temps à investir comme je le fais en ce moment?», a commenté cet homme, après avoir admis être un investisseur du quadrant T.

– Je ne dirais pas que vous perdez votre temps car après tout vous acquérez de l'expérience, mais je dirais que vous ne vous concentrez pas à exploiter le potentiel que vous avez.

– Que voulez-vous dire par exploiter le potentiel que nous avons?» a alors demandé une femme qui avait à peu près mon âge, assise à l'arrière de la salle.

– La plupart des "ultrariches" de ce monde qui ont réussi par eux-mêmes ont fait leur argent en exploitant à la fois le pouvoir des quadrants P et I.

– Voulez-vous dire qu'il y a des gens qui n'appartiennent qu'au quadrant P et d'autres qui n'appartiennent qu'au quadrant I?» a alors demandé cette même femme.

– C'est exact», ai-je dit. «Tout comme il y a des gens des quadrants E et T qui n'appartiennent qu'à un seul quadrant. À vrai dire, plusieurs personnes dans le marketing de réseaux ne font partie que d'un seul quadrant. Et c'est pourquoi on a fait appel à moi pour vous enseigner à exploiter le pouvoir des deux quadrants P et I.

– Voulez-vous dire que nous ne maximisons pas le potentiel de ce que nous avons?» a demandé la femme.

– Exactement. Si plus de gens comprenaient la force potentielle de votre entreprise de marketing de réseaux et du quadrant I, plus de gens commenceraient à s'intéresser à cette entreprise. Le fait d'associer la force potentielle du quadrant P et du quadrant I vous confère le même pouvoir que les "ultrariches" possèdent... en fait, c'est ce qui a fait de la plupart d'entre eux des "ultrariches". Vous parlez de bâtir une entreprise alors que vous pourriez tout aussi bien être en train d'enseigner à des gens comment devenir riches ou "ultrariches".

– Et qu'entendez-vous par "ultrariches"? a demandé un participant.

– Les personnes qui gagnent 150 000 $ par année et ont un portefeuille de 5 millions ou un programme de retraite anticipée volontaire peuvent se considérer riches. Mais selon le magazine *Forbes*, quelqu'un de riche a des revenus d'un million et plus par année, de préférence sans travailler. La définition de mon père riche de ce qu'est un "ultrariche" est quelqu'un qui gagne au moins un million par mois. Il n'est pas tout à fait parvenu à rejoindre cette catégorie de riches mais il en était très proche. Personnellement, je corresponds maintenant à la définition de quelqu'un de riche du magazine *Forbes* et je travaille à devenir un "ultrariche". Vous avez tous le potentiel de devenir des personnes "ultrariches" si vous exploitez la capacité financière des quadrants P et I. C'est pourquoi *Rich Dad's Guide to Investing* a vraiment été écrit à votre intention. La plupart des investisseurs des quadrants E et T n'ont pas une telle capacité financière.»

Le groupe était silencieux. Après un certain temps, un charmant jeune homme a levé la main et a demandé: «Voulez-vous dire que nous ne disons pas les bonnes choses aux bonnes personnes?»

J'ai fait signe que oui et j'ai dit: «Je vois souvent des gens qui se joignent à l'entreprise parce qu'ils ont besoin d'un emploi ou d'argent... et votre organisation fait un excellent travail à relever leur moral, à leur insuffler de l'espoir et à leur enseigner à bâtir leur propre entreprise. Et c'est là un très important service que votre organisation vous procure. Mais bien souvent vous ne parlez pas à ces personnes qui ont déjà réussi sur le plan financier, mais qui ont atteint une impasse quant à leur potentiel de profit. Il se peut que quelqu'un fasse déjà de 150 000 $ à 250 000 $ par année et qu'il réalise qu'il a atteint un plafond relativement à ses bénéfices. Plusieurs personnes du quadrant T entrent dans cette catégorie. Elles ne peuvent pas gagner beaucoup plus d'argent pour la simple raison qu'elles ne disposent pas du levier qu'une entreprise du quadrant P offre.

– Je peux vous assurer que nous parlons à beaucoup de gens dans cette situation et quelques-uns se joignent vraiment à l'entreprise», a alors intervenu un participant, un peu sur la défensive.

– Je sais que vous le faites et ce n'est pas mon intention de vous offenser ou de minimiser vos efforts. Mais je peux vous dire que quand on m'a fait des propositions pour que je me joigne à une entreprise de marketing de réseaux, rien de ce qu'on m'a dit ne m'a vraiment intéressé. J'étais déjà en train de bâtir une entreprise prospère et j'étais en bonne voie de devenir millionnaire. Si on m'avait dit que je pouvais aider d'autres gens à passer du bas de l'échelle en haut au lieu de leur fournir une aide monétaire, j'aurais peut-être été plus intéressé. En aidant d'autres personnes à réussir, vous avez la capacité de devenir des gens "ultrariches" dans ce genre d'entreprise.»

Il y a eu de nouveau un silence. Finalement, une femme a levé la main et a dit: «Vous voulez dire qu'être millionnaire ce n'est pas une grosse affaire?

J'ai alors répliqué: «Je crois qu'on pourrait l'exprimer de cette façon. Être millionnaire c'est bien mais ce n'est pas si rare que ça de nos jours. Plusieurs athlètes professionnels, tels que des joueurs de football, sont millionnaires. Aujourd'hui, il existe bien des moyens de devenir millionnaire mais seulement quelques façons de devenir "ultrariche"... et vous possédez ce potentiel.

– Alors que nous manque-t-il?» a demandé la jeune femme qui avait posé la question précédente.

– Votre système possède la force potentielle de créer des personnes "ultrariches"... comme Michael Dell.»

J'ai brandi à nouveau mon livre *Rich Dad's Guide to Investing*. En le désignant du doigt j'ai dit: «J'ai écrit ce livre pour des gens comme vous... des gens qui ont le dynamisme nécessaire pour devenir riches... et peut-être même "ultrariches". Mais il vous faut croire qu'une telle richesse vous est accessible... et cela deviendra possible si vous utilisez les quadrants P et I.

– Il nous faut croire qu'une telle richesse est possible?» a demandé une jeune femme.

Faisant signe que oui, j'ai dit: «Si vous pensez que ce n'est pas possible, alors vous fermez votre esprit et ce n'est plus possible.

– Et comment commençons-nous à croire que c'est possible?» a demandé la même jeune femme.

– En vous éduquant vous-même. Commencez par ce livre et sachez que tout ce qui s'y trouve vous est possible... si vous étudiez et si vous vous y consacrez. Certaines personnes seront peut-être déçues en lisant ce livre parce que, dans leur cas, le fait d'atteindre le statut d'"ultrariches" s'avère impossible. Très peu de gens des quadrants E et T ont accès "au cheval-vapeur" financier que vous possédez.

– Pourquoi en est-il ainsi?» a demandé un participant.

La puissance de l'effet de levier

«Je l'ai dit avant et je vais le redire encore. Dans la plupart des cas, les gens des quadrants E et T ne possèdent pas dans leur vocabulaire l'un des mots les plus importants dans le domaine des affaires... et c'est le mot *levier*.

– Qu'entendez-vous par *levier?*

– Le mot levier en est un qui peut signifier plusieurs choses différentes. Je veux dire que vous avez le pouvoir de gagner de plus en plus d'argent tout en travaillant de moins en moins. Une personne dans les quadrants E et T, dans la plupart des cas, doit travailler de plus en plus si elle veut gagner davantage. Le problème est que les personnes dans les quadrants E et T ont à vendre une ressource limitée: leur temps. Une journée ne comporte qu'un certain nombre d'heures... donc les E et les T ne peuvent gagner qu'un certain montant dans une journée.

– Nous disons aussi cela aux gens. Alors, que dites-vous que nous ne leur disons pas? a demandé le charmant jeune homme.

– Trois parmi vous ont essayé de m'associer à votre entreprise», ai-je répliqué. J'ai laissé les trois m'expliquer pourquoi je devrais me joindre à votre entreprise et vous avez fait un excellent travail. Vous m'avez seulement parlé de *bâtir l'entreprise* et de gagner beaucoup d'argent.

– Alors, quel mal y a-t-il à cela?» a demandé le jeune homme. «C'est ce que nous faisons. C'est ce que vous faites. N'est-ce pas?

– Oui, je bâtis des entreprises... mais je ne crée vraiment pas une entreprise pour l'amour de l'argent. L'entreprise est un actif. Bâtir une entreprise est une tâche difficile et je n'aime pas travailler dur. Je suis né et j'ai été élevé à Hawaii. Je suis de nature paresseuse et j'aime avoir du temps libre. Je préfère marcher sur la plage ou surfer. Cela est doux à mes oreilles. C'est pourquoi je travaille dur à bâtir une entreprise. Je refuse de travailler dans les quadrants E et T... car je suis paresseux.

– Il y a quelque chose que je ne comprends pas», a dit le jeune homme, croyant que je le faisais marcher. «Vous êtes paresseux et vous travaillez dur pour créer des entreprises. Cela n'est pas très logique.

– C'est logique si vous prenez conscience que je ne suis pas vraiment un homme d'affaires. Je suis avant tout un investisseur et je profite du mode de vie que mes investissements me permettent d'avoir.

– Par conséquent, une fois que l'entreprise est créée et qu'elle fonctionne, vous êtes libre d'investir dans l'immobilier, les actions, les obligations et d'autres entreprises», a dit calmement le jeune homme. «Le fait de bâtir une entreprise vous apporte les deux ingrédients principaux dont un investisseur a besoin, le temps et l'argent.

– Beaucoup de temps et beaucoup d'argent», ai-je dit doucement. «Et je ne gaspille pas mon temps à investir dans une maison jumelée et à réparer des toilettes, ou à essayer de choisir des actions. Ce sont là des investissements pour le quadrant T, qui peut aussi signifier petit investisseur. Et la plupart des petits investisseurs essaient d'investir pour faire de l'argent. Ils essaient d'investir parce qu'ils n'ont pas suffisamment d'argent. J'investis à partir du quadrant P parce que j'ai trop d'argent. Étant donné que j'ai trop d'argent, le gouvernement me force en quelque sorte à investir mon argent ou à le perdre en impôts et contributions. Les gens du quadrant E n'ont pas le choix. Le gouvernement impose leurs revenus avant même qu'ils ne reçoivent leurs salaires, leur donnant bien peu le choix en ce qui a trait aux investissements. Vu que j'ai beaucoup d'argent et que j'ai la chance de l'investir avant qu'il ne soit imposé, j'investis dans de grandes propriétés, des actions et d'autres entreprises. Je bâtis une entreprise pour pouvoir obtenir l'argent nécessaire pour investir dans des placements réservés aux riches... et c'est comme cela que vous devenez "ultrariche".

– Vous investissez dans la création d'une entreprise du quadrant P pour la seule raison que vous voulez que l'argent soit investi. Est-ce bien cela que vous semblez dire?

– Pas exactement. En apparence cela donne cette impression, mais laissez-moi essayer de vous expliquer quelque chose d'un peu plus compliqué.» J'ai alors tracé le schéma du Quadrant CASHFLOW et j'ai dit:

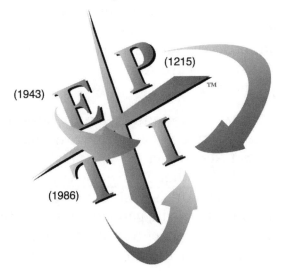

«Vous souvenez-vous de mon père riche lorsqu'il m'expliquait le schéma ci-dessus quand j'étais un petit garçon?»

Le groupe fit signe que oui.

«Et qui parmi vous se rappelle l'importance des dates suivantes: 1943, 1986 et 1215?

– 1215 fut l'année de la signature de la Grande Charte», a répondu une jeune femme. «Ce fut l'année où les riches ont enlevé le pouvoir au roi John d'Angleterre. À partir de cette date, les riches ont décidé des règles du jeu.

– Très bien», ai-je dit. «Donc, si j'ai le choix je veux investir à partir du quadrant P parce que les propriétaires d'entreprises ont les meilleures règles pour investir, pour la simple raison qu'ils décident des règles. Continuez, madame.

– Les États-Unis d'Amérique furent fondés à cause d'un soulèvement contre la taxation, qui commença en 1773 avec le Boston Tea Party*. Les États-Unis se sont développés rapidement car c'était une nation exempte de taxe. En 1943, la loi a changé et tous les employés aux États-Unis ont eu des contributions prélevées sur leurs salaires. En d'autres mots, le gouvernement a été payé avant même que les employés ne le soient eux-mêmes.

– Vous avez bien retenu la leçon», ai-je remarqué, étonné qu'une personne se soit souvenue de ma causerie sur l'historique des taxes. «Payer des taxes était alors considéré comme un devoir patriotique parce que la Deuxième Guerre mondiale faisait rage... mais c'est le travailleur dans le quadrant E qui payait la majeure partie des taxes. Les gens dans les quadrants T et P avaient encore le contrôle sur le montant qu'ils payaient, et à quel moment ils allaient régler leurs taxes.»

La jeune femme a enchaîné en disant: «En 1986, le droit fiscal a changé et cela a affecté négativement surtout les gens du quadrant T, plus spécifiquement les médecins, les avocats, les ingénieurs, les architectes, les comptables et les autres professionnels. Il semble qu'à nouveau les riches avaient changé les règles pour favoriser leur propre quadrant. Les riches gagnent plus d'argent mais paient moins de taxes et de

---

*   Note de la traduction: Dans l'histoire américaine: raid des colons sur les bateaux britanniques en rade de Boston le 16 décembre 1773; des chargements entiers de thé furent jetés à la mer par les attaquants en protestation contre les impôts britanniques sur certaines denrées alimentaires.

contributions pour la simple raison qu'ils opèrent à partir du quadrant P», a dit la jeune femme.

L'avantage du quadrant P se trouve dans le quadrant I

«Merci d'avoir été attentive», ai-je dit. «Je n'aurais pas pu dire mieux. C'est pourquoi je construis des entreprises dans le quadrant P et non pas dans le quadrant T. Le point le plus important est que le seul fait d'être dans le quadrant P ne suffit pas en soi. Cela ne vous confère pas le plein pouvoir du quadrant P.

– Le quadrant P n'est pas suffisant?» a alors répété un participant d'une voix un peu confuse.

– Non», ai-je répliqué. «Plusieurs personnes bâtissent des entreprises dans le quadrant P, mais ce ne sont pas toutes ces personnes qui utilisent le pouvoir du quadrant P.

– Pourquoi en est-il ainsi?» a demandé le même participant.

– Parce que le véritable pouvoir du quadrant P ne se trouve pas dans le quadrant P, on le retrouve dans le quadrant I», ai-je dit.

Le groupe est resté silencieux jusqu'à ce que quelqu'un demande finalement: «Pouvez-vous nous expliquer ce que vous voulez dire?

– Je pourrais», ai-je dit, «mais ce genre de discussion dépasserait de beaucoup le temps qui m'est alloué aujourd'hui. Pour l'instant, rappelez-vous simplement que les droits fiscaux favorisent le quadrant P grâce au quadrant I.»

Le groupe était plutôt calme même si quelques-uns d'entre eux étaient quelque peu excités tandis que d'autres semblaient perplexes. Je pourrais dire que plusieurs d'entre eux ne voulaient pas se rendre au-delà d'une entreprise du quadrant P. Une participante a alors levé la main et a confirmé ce que je pensais. Elle a dit: «Mais qu'en est-il si je veux simplement bâtir une entreprise? Suis-je obligée d'investir après cela?

– Non», ai-je dit. «Je me rends compte que cela exige peut-être trop de vous aujourd'hui. Mais quand vous commencerez à avoir autant d'argent en surplus que les riches, vous serez contents d'avoir choisi le quadrant P pour y travailler dur.

– Vous voulez dire quand nous serons aux prises avec le problème d'avoir trop d'argent?» a alors demandé un autre participant.

– Oui. Quand vous aurez le problème d'avoir trop d'argent, vous serez heureux d'avoir choisi de bâtir une entreprise du quadrant P. Quand le gouvernement cherchera à vous faire payer de plus en plus de taxes, d'impôts et de contributions, vous disposerez au moins de moyens pour investir *légalement* votre argent au lieu d'avoir à le payer en taxes. Et s'il vous faut payer des taxes, vous les paierez légalement à un taux d'imposition plus bas.» Me tournant ensuite vers le tableau à feuilles mobiles, j'ai dessiné le schéma suivant. «Voici la lacune qui donne l'avantage aux riches.»

Employé

Revenus	
Dépenses Taxes	

Actif	Passif

Entreprise

Revenus	
Dépenses	
	Taxes

Actif	Passif

Me retournant vers le groupe, j'ai dit: «La différence entre le bilan de l'employé et celui du propriétaire de l'entreprise est renversante. Rappelez-vous la deuxième leçon de mon livre *Père riche, père pauvre* qui traite de l'importance de connaître l'a b c du domaine financier. Je soupçonne qu'une des raisons pourquoi on n'enseigne pas l'a b c du domaine financier à l'école est que nos écoles forment les gens à devenir des employés. Si les employés savaient lire un bilan, ils comprendraient pourquoi les propriétaires de l'entreprise deviennent de plus en plus riches tandis que les employés travaillent de plus en plus dur afin de payer de plus en plus de taxes. Les impôts, les taxes et les contributions constituent la principale dépense des employés.»

Une jeune femme a alors levé la main et a dit: «Vous voulez dire que l'employé est imposé à la source et le propriétaire d'entreprise est imposé en dernier. N'est-ce pas la lacune dont vous parliez?

– C'en est une», ai-je répliqué. «Et il y en a plusieurs autres.

– Mais ce n'est pas équitable», a-t-elle dit.

– Je suis d'accord», ai-je répondu. «Et comme je l'ai dit précédemment, le quadrant P possède plusieurs autres avantages mais vous devez connaître le droit fiscal, le droit des sociétés, le droit des assurances et le droit concernant les investissements.

– Donc, vous dites que l'idéal consiste à associer ensemble les quadrants P et I?

– Oui, dans la plupart des cas», ai-je répliqué. «Je ne suis pas un fiscaliste ou un comptable, mais en principe c'est ce que je dis.

– Par conséquent, si nous gaspillons notre argent avec des futilités et si nous ne comprenons pas le domaine de l'investissement, nous n'exploitons pas le pouvoir des quadrants P et I? a demandé un autre participant.

En approuvant d'un signe de tête j'ai dit: «Oui... c'est ce que je dis.» Tenant entre les mains la planchette de jeu de *CASHFLOW*, j'ai désigné du doigt le premier puis le second couloir sur la planchette de jeu.

En indiquant le couloir du *Rat Race (panier de crabes ou foire d'empoigne)* j'ai dit: «En somme, 95 % de tous les gens sont pris au piège du *Rat Race.*» J'ai ensuite montré le couloir à *Fast Track (avancement rapide)* et j'ai dit: «Et le couloir *Fast Track* représente les investissements des riches.»

Le groupe a regardé la planchette de jeu avec un intérêt renouvelé. «Donc, ce jeu symbolise la vraie vie, n'est-ce pas?» a demandé un participant.

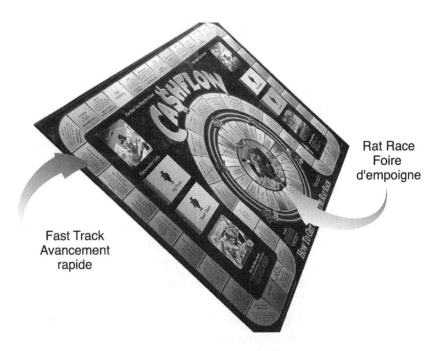

Rat Race
Foire
d'empoigne

Fast Track
Avancement
rapide

En acquiesçant, j'ai dit: «J'ai conçu ce jeu pour enseigner le plus de choses possible. Des choses comme la comptabilité, la gestion de la marge brute d'autofinancement, les opérations d'investissement, le vocabulaire du domaine de l'investissement, comment penser stratégiquement, et bien d'autres choses encore. Mais j'ai aussi voulu faire savoir aux gens qu'il existe deux mondes d'investisseurs... celui des riches, et d'un autre côté, celui des masses qui sont prises au piège du couloir du *Rat Race* de la vie. Très peu de gens ont l'opportunité d'investir à la manière des riches... d'investir dans des placements que l'on retrouve seulement dans le couloir *Fast Track* à *avancement rapide*. Vous tous dans cette salle avez cette opportunité... mais vous devez d'abord bâtir vos entreprises et enseigner à d'autres à le faire.

– Bâtir une entreprise, est-ce la seule façon d'investir dans le couloir à *avancement rapide* ou le *Fast Track?* a demandé un participant.

– Ça ne l'est pas», ai-je répliqué. «Comme je l'ai dit plus haut, si vous êtes un athlète professionnel gagnant des millions de dollars chaque année, une vedette de cinéma, une star du rock, le P.-D.G. d'une société de premier ordre ou un médecin dont les honoraires atteignent des millions de dollars, on vous donnera accès au véritable couloir *Fast Track* à *avancement rapide*. Plusieurs personnes parviennent dans le couloir *Fast Track* à *avancement rapide* par le moyen du quadrant I, en devenant des investisseurs professionnels. Toutefois, la plupart des "ultrariches" parviennent au véritable couloir *Fast Track* à *avancement rapide* en bâtissant une entreprise... une entreprise du quadrant P, dans la plupart des cas. Très peu de gens des quadrants E et T entreront un jour dans le véritable couloir *Fast Track* à *avancement rapide* de la vie.»

Un autre long silence a envahi la salle. Je sentais que ce que j'avais dit faisait impression. Finalement, un participant a dit: «Donc, si nous bâtissons notre entreprise et que nous commençons ensuite à investir dans les placements du couloir *Fast Track* à *avancement rapide*, nous pouvons joindre les rangs des "ultrariches"?

– Oui.» Après une courte pause j'ai ajouté: «Mais vous devez savoir si cela est possible dans votre cas. C'est pourquoi vous devez comprendre à la fois les quadrants P et I.»

Un participant a levé la main et a dit: «Par conséquent, le fait d'investir beaucoup de temps à effectuer les petits placements que l'on retrouve dans le couloir du *Rat Race (panier de crabes* ou *foire d'empoigne)* est peut-être une perte de temps?

– Pour des gens comme vous qui travaillez à bâtir une entreprise dans le quadrant P, cela est fort possible», ai-je dit. «Pourquoi passeriez-vous votre temps à faire de petits placements alors que vous pourriez vous concentrer à bâtir votre entreprise et à passer ensuite directement dans le couloir *Fast Track* à *avancement rapide?*

– Mais l'expérience d'investissement acquise dans le couloir du *Rat Race* n'est-elle pas importante?» a demandé un jeune homme.

– Oui c'est important... très, très important. Mais ce que je vois se produire dans la vraie vie est que bien des gens des quadrants E et T essaient d'échapper au couloir du *Rat Race* en passant par le quadrant I. Ces individus achètent des fonds communs de placement, choisissent des actions, spéculent à jour et acquièrent de petites maisons jumelées. Pour plusieurs d'entre eux, c'est un bon plan. Mais vous êtes différent. Vous disposez du pouvoir d'une entreprise du quadrant P... une entreprise qui n'a pratiquement aucune limite de gains, ni de frontières internationales.

«Apprenez à faire de petites transactions afin d'acquérir de l'expérience pour effectuer des transactions importantes. Mais ne perdez pas votre temps à essayer d'échapper au couloir du *Rat Race* en investissant dans les placements du grand public. Bâtissez votre entreprise et investissez dans les placements des riches... de ces gens qui investissent parce que leur problème consiste à avoir trop d'argent. N'investissez pas à la façon des gens qui n'ont pas suffisamment d'argent. Étant donné qu'ils n'ont pas beaucoup d'argent, ils espèrent faire de l'argent grâce à leurs placements. Ces gens-là n'obtiennent jamais les meilleurs placements car ces investissements ne sont attribués qu'à ceux qui possèdent trop d'argent.»

Il y a eu de nouveau un silence dans la salle. Un participant a dit: «Alors, ce n'est peut-être pas une bonne idée d'essayer de sortir du couloir du *Rat Race* au moyen de nos petits placements?

– Bonne question», ai-je répliqué. «Laissez-moi poser la question suivante à ceux parmi vous qui ont joué à *CASH-FLOW 101*: "Dans la vraie vie, une personne qui s'évade du couloir du *Rat Race (panier de crabes* ou *foire d'empoigne*) se qualifie-t-elle automatiquement pour passer dans le couloir *Fast Track* à *avancement rapide?"* »

Le groupe a alors réfléchi pendant quelques instants. Finalement, une jeune femme a dit: «Non. Il y a beaucoup de personnes qui parviennent à sortir du couloir du *Rat Race*. En théorie, une personne qui a un régime de retraite ne fait plus partie du couloir du *Rat Race*. Mais dans la vraie vie, n'avez-vous pas dit que très peu de gens se qualifient réellement pour les placements du couloir *Fast Track* à *avancement rapide*, même s'ils sont à l'extérieur du couloir du *Rat Race?*»

Avant même de pouvoir répondre à la question, un homme d'un âge certain a levé la main et a dit: «Je peux vous dire que cela n'a pas beaucoup de bon sens de travailler toute sa vie et de vivre ensuite avec une petite pension de retraite. Savez-vous quel est le montant de ma pension d'entreprise? C'est à peine suffisant pour survivre. Plusieurs de mes amis ont pris leur retraite avec tellement peu d'argent qu'ils se retrouvent dans un couloir du *Rat Race* à la fois plus lent et plus pauvre.»

En acquiesçant, j'ai dit doucement: «Voilà pourquoi je suis venu vous parler. Vous avez tous le potentiel nécessaire pour vivre des vies très différentes car vous choisissez d'investir votre temps à bâtir une entreprise du quadrant P. La plupart des gens travailleront dur toute leur vie et finiront par se retrouver un jour sans argent, ne disposant plus de beaucoup de temps. Voilà la tragédie.»

Comment devenir "ultrariche"

Un participant a levé la main et a dit: «Mais vous avez dit que nous avions le potentiel de devenir "ultrariches".

Nous pourrions devenir plus riches que plusieurs vedettes de cinéma, des stars du rock, des vedettes athlétiques, plus riches même que le président de l'entreprise pour laquelle nous travaillons aujourd'hui.

– C'est tout à fait exact», ai-je dit. «Beaucoup plus que ce que votre patron gagne.

– C'est vraiment cela qui m'intéresse», a dit le même participant. «Comment abordons-nous ce genre d'entreprise et comment devenons-nous "ultrariches"?

– Vous devez d'abord croire que c'est possible», ai-je dit.

– La plupart des gens ne croient-ils pas que c'est possible?» a demandé un autre participant.

– Je crois que la plupart des gens pensent que c'est possible, mais pas pour eux-mêmes. Voyez-vous, à moins que vous ne pensiez que c'est possible pour vous, ce sera impossible», ai-je répliqué doucement. «La plupart des gens rêvent de devenir millionnaires un jour, mais très peu de gens ont le potentiel de gagner un million de dollars et plus chaque mois. Cette réalité ne fait tout simplement par partie de leur réalité.

– Cela fait-il partie de votre réalité?» a demandé un participant.

– Bien sûr», ai-je répliqué.

– Et comment avez-vous absorbé cette réalité?

– Mon père riche me l'a mise dans la tête», ai-je dit. J'ai marqué un temps puis j'ai demandé: «Quelle réalité concernant l'argent vos parents vous ont-ils mise dans la tête?

– Certainement pas un million de dollars par mois», a dit un jeune homme. «Ma mère et mon père pensaient qu'un emploi à 100 000 $ par année signifiait que vous étiez riche.

– La plupart des gens le pensent», ai-je dit.

– Par conséquent, comment faisons-nous entrer cette réalité dans notre tête... celle de gagner un million de dollars et plus chaque mois?» a demandé le même jeune homme.

– Il vous faut la faire pénétrer là», ai-je dit. «Personne d'autre ne peut le faire pour vous.

– Pourquoi dites-vous cela? a demandé une jeune femme.

– Je dis cela parce que je peux le voir dans vos yeux. Je me rends compte que la plupart d'entre vous ne veulent pas vraiment de cette réalité car elle se situe à l'extérieur de votre réalité. Comme la plupart d'entre vous, je viens d'une famille qui n'était pas riche. Ma mère et mon père disaient souvent des mots tels que: "Je ne peux pas me le permettre." Ou: "Penses-tu que l'argent pousse dans les arbres?" Ou bien: "L'argent ne fait pas ton bonheur." Ou encore: "Les gens riches ne sont pas heureux." Dans ma famille, la vraie réalité était celle de ne pas avoir *suffisamment d'argent*. Afin de pouvoir échapper à la réalité de ma famille, il m'a fallu chercher des idées à l'extérieur de cette réalité... et c'est ce que mon père riche a fait pour moi. À vrai dire, c'est tout ce qu'il a fait pour moi. Il m'a donné cette réalité et il m'a enseigné comment la rendre réelle.

– Et pouvez-vous nous transmettre cette réalité?» a demandé l'homme d'un âge certain.

– Je vous l'ai déjà transmise cette réalité», ai-je dit. «La question est de savoir si vous voulez maintenant en faire votre réalité?»

L'homme d'un âge certain a alors souri et dit: «Je comprends où vous voulez en venir. Vous êtes en train de dire qu'en ce moment certains parmi nous sont prêts à rejeter cette idée et d'autres veulent accepter cette même idée de devenir "ultrariches".»

J'ai fait signe que oui: «La plupart des gens la rejettent», ai-je dit. «La plupart des gens trouvent une raison pour se convaincre que l'idée est irréaliste. Certaines personnes m'attaquent personnellement, en disant que je donne aux gens de faux espoirs ou que je leur fais miroiter des attentes irréelles. Si vous avez bien remarqué, je ne fais que partager avec vous mes attentes et mes espoirs. Il n'en tient qu'à vous de déterminer s'ils sont réels ou faux à vos yeux.

– Mais vous n'avez pas encore atteint la catégorie des "ultrariches"?» a demandé l'homme plus âgé. «Toutefois, vous dites que c'est ce que vous essayez de faire en ce moment.

– C'est exact», ai-je dit. «Actuellement je ne suis que riche. Mon objectif est d'être un jour "ultrariche". À vrai dire, je n'ai jamais renoncé à cet objectif, un but que je me suis fixé il y a plus de 25 ans, et je fais un pas dans cette direction chaque jour de ma vie.

– Alors comment savez-vous que vous pouvez y parvenir?» a demandé un jeune homme.

– Je ne sais pas si je peux y parvenir... en fait cela me prend plus de temps parce que j'ai échoué deux fois en cours de route... mais je continue d'aller dans ce sens», ai-je dit. «D'autre part, je sais avec certitude que d'autres personnes y sont parvenues. Des gens comme Bill Gates et Michael Dell. Et ils l'ont fait dans la trentaine... ou peut-être même un peu plus tôt.

– Et vous dites que nous avons tous ce potentiel?» a dit une jeune femme.

– Oui. J'ai rencontré beaucoup de gens dans le marketing de réseaux qui ont atteint la catégorie des "ultrariches". Je le sais parce que j'ai vu les placements qu'ils ont investis grâce à leur entreprise. J'ai vu les énormes immeubles de bureaux qu'ils possèdent plutôt que de les louer; leurs centres commerciaux; les sociétés dont ils sont les principaux actionnaires; leurs immenses lotissements résidentiels; leurs fermes d'élevage et bien plus encore. Ils n'auraient jamais pu acheter de tels placements en faisant partie des quadrants E ou T, mais ils ont pu le faire avec leur entreprise du quadrant P. Une entreprise sans aucune limite de gains peut se permettre les placements des riches.

«Par conséquent, vous êtes sur la bonne voie. Vous avez le potentiel si vous travaillez à bâtir votre entreprise, si vous persévérez à étudier, si vous en apprenez davantage au sujet des investissements dans le couloir *Fast Track* à *avancement rapide*, et si vous continuez de vous améliorer vous-même de l'intérieur vers l'extérieur. Mais vous seul pouvez faire cela pour vous-même... et il n'existe aucune garantie.

– Alors comment étudions-nous les investissements dans le couloir *Fast Track* à *avancement rapide* de votre jeu *CASHFLOW?*» a demandé une jeune femme.

– J'ai écrit au sujet de ces investissements dans *Rich Dad's Guide to Investing*. Comme je l'ai dit, plusieurs E et T lisent ce livre et sont déçus. Mais vous avez tous le pouvoir d'investir dans les mêmes investissements que les riches. Des placements qui, d'après la loi, exigent que vous soyez millionnaires avant que vous ne puissiez investir.

– Que nous suggérez-vous de faire?» a alors demandé l'homme d'un âge certain. «Je dispose de moins en moins de temps. Que va-t-il arriver si je n'ai pas assez de temps? Puis-je quand même y parvenir?

– En premier lieu, cessez d'utiliser votre âge comme un prétexte. Souvenez-vous simplement que le colonel Sanders a créé le *Poulet frit Kentucky* à la fin de la soixantaine. Mon père riche disait toujours: "Les perdants se servent de leurs situations de vie comme excuses pour échouer, et les gagnants utilisent leurs situations de vie comme des raisons supplémentaires de réussir." Le colonel s'est servi de son âge comme motif de sa réussite, et il a rejoint la catégorie des "ultrariches" à un âge où la plupart des gens ont pris leur retraite.

– C'est très juste», a dit l'homme d'un âge certain. «Alors que suggérez-vous?

– D'abord, je vous suggère à tous de lire *Rich Dad's Guide to Investing* pour que vous ayez une idée globale du monde de l'investissement. Si vous voulez ensuite que le fait de devenir "ultrariche" fasse partie de votre réalité, je vous suggère de vous rassembler par groupes, et d'étudier un chapitre à la fois, en commençant par le chapitre 20, qui est celui qui porte sur l'énigme 90/10. Prenez votre temps. Demandez aux gens de lire le chapitre avant de se présenter à la rencontre, puis formez des groupes et discutez en profondeur de chaque chapitre. Consacrez-y votre temps. Vous découvrirez que par cette méthode de discussion et d'étude en groupes, vos esprits s'élargiront au-delà de vos réalités habituelles en ce qui a trait au domaine de l'investissement.

– Vous voulez dire que la plupart d'entre nous ne pensent qu'à des investissements pour les pauvres et pour la classe moyenne? a demandé l'homme d'un âge certain. «Nous devons donc nous éduquer nous-mêmes au sujet des placements dans lesquels les riches investissent. Il nous faut faire en sorte que les investissements des riches deviennent une part de notre réalité.

– Exactement», ai-je dit. «C'est ce que mon père riche m'a donné. Il m'a fait connaître une réalité en ce qui a trait au monde des investissements que seuls les riches connaissent. Après avoir appris cette réalité, j'ai découvert ma voie dans la vie et je chemine toujours sur cette même route.

– Donc, la plupart d'entre nous ne connaissent que les fonds communs de placement, la sélection des actions, les placements dans de petites transactions immobilières car c'est notre réalité dans le monde de l'investissement. Est-ce bien ce que vous dites?

– C'est exactement ce que je dis», ai-je répondu. «La plupart des gens pensent investir à partir des quadrants E et T. Ils croient qu'il est risqué d'investir et c'est pourquoi ils veulent jouer sûr. Ils investissent dans des placements garantis, "préemballés", de la même façon qu'ils achètent de la viande à l'épicerie. Les riches investissent dans le secteur qui "préemballe" les placements que les pauvres et la classe moyenne achètent. C'est une réalité totalement différente.

– Donc, nous commençons par le chapitre 20 et nous élargissons notre réalité. Nous nous rencontrons ensuite régulièrement et nous étudions le reste des chapitres ultérieurs au chapitre 20. Vous pensez que cet exercice ouvrira nos esprits à une meilleure compréhension des placements des riches... qui selon vous nous sont accessibles.»

J'ai acquiescé. «Si vous comprenez à quel point les placements dans le couloir *Fast Track* à *avancement rapide* sont excitants et satisfaisants, vous vous demanderez alors pourquoi autant de gens recherchent avant tout des petits placements sûrs et "préemballés". Personnellement je me pose la même question», ai-je répliqué. «Mais je crois que c'est ce qui arrive quand vous ne connaissez que les placements qui sont à la portée de votre propre réalité. Je pense aussi que lorsque vous aurez compris à quel point les placements des riches sont puissants, vous voudrez alors bâtir une entreprise du quadrant P encore plus rapidement... car comme je l'ai dit, le plaisir de la vie consiste à investir votre argent et que cet argent travaille dur à votre service.

– Avez-vous une autre étape à me recommander?» a demandé l'homme d'un âge certain.

– Oui», ai-je dit. «La deuxième étape est très importante. Je vous suggère d'utiliser tous ces jeunes et ces gens plus âgés qui vous entourent comme source d'énergie et de soutien pour vous faire avancer. Servez-vous de leur support pour créer votre propre nouvelle réalité. Sollicitez leur aide. Ces gens veulent vous aider à réussir. Mais ils ne peuvent pas vous aider à moins que vous vouliez vous aider vous-même, et leur permettre ensuite de vous aider.»

L'homme d'un âge certain s'est alors assis calmement. Je constatais que le fait de demander du soutien le rendait quelque peu mal à l'aise. Je le sais car on éduque souvent les hommes à penser que c'est un signe de faiblesse de demander du soutien, de l'aide. Je sais que c'est également vrai pour plusieurs femmes. Ayant pris conscience que cela le rendait mal à l'aise de demander du soutien, je l'ai encouragé à se lever debout et à parcourir la salle des yeux.

L'homme d'un âge certain a alors hésité, puis il s'est levé debout. Je me rendais bien compte que ma requête l'intimidait. Une fois debout, il a levé les yeux lentement et il a tourné son regard vers les centaines de personnes présentes dans la salle. Ces dernières le regardaient à leur tour en souriant. Leurs yeux semblaient dire qu'elles étaient là pour lui.

J'ai alors demandé: «Combien de personnes parmi vous sont disposées à le soutenir?» Des centaines de mains se sont levées à l'unisson, bien hautes dans les airs pour être vues de tous. L'homme d'un âge certain a alors balayé des yeux la salle. Tout autour de lui des mains étaient tendues et des yeux remplis d'amour et de coopération se posaient sur lui. Soudainement, toutes sortes d'émotions ont monté en lui. Ses yeux se sont mis à pleurer quand il a considéré de nouveau cette vague de coopération qui l'entourait. En silence, il a continué de regarder autour de lui, rencontrant plusieurs personnes les yeux dans les yeux, âme à âme. Puis, il a fait un signe de tête et il a dit doucement «merci». Tremblant un peu, il s'est assis au moment où toute la salle s'est mis à applaudir spontanément avec grand enthousiasme.

À la fin des applaudissements, j'ai ramassé mes livres et j'ai dit : «Toute la beauté de cette entreprise réside dans le fait que la seule chose que vous devez faire pour réussir est d'aider d'autres personnes à obtenir les mêmes choses que vous voulez. Ce genre d'entreprise ne se mesure pas à l'argent que vous gagnez mais au nombre de personnes que vous aidez et au nombre de vies que vous changez.» Je les ai remerciés et j'ai quitté la salle.

RÉSEAU #6

Valeur #5 :
La valeur de vivre vos rêves

«*P* lusieurs personnes n'ont pas de rêves», a dit mon père riche.

– Pourquoi?» ai-je demandé.

– Parce que les rêves coûtent de l'argent», a-t-il dit.

Ravivez le rêve

Mon épouse Kim et moi-même sommes allés à une réunion où un producteur bien en vue faisant partie d'une entreprise de marketing de réseaux exhibait son château de 1 580 mètres carrés, son garage avec les 8 autos qu'il contenait, sa limousine, et tous ses autres jouets dispendieux. Le château et les jouets étaient très impressionnants, mais ce qui m'a le plus frappé, c'est que la ville avait donné le nom de ce producteur à la rue sur laquelle il vivait.

Quand je lui ai demandé comment il avait convaincu les autorités de ce patelin de donner son nom à sa rue, il m'a dit: «C'est bien simple, je leur ai remis de l'argent pour construire une nouvelle école élémentaire et une bibliothèque. Après avoir fait cela, la ville m'a permis de donner le nom de ma famille à cette rue.» À ce moment précis, j'ai réalisé que son rêve était bien plus grand que le mien. Je n'avais jamais rêvé d'avoir une rue portant mon nom ou de donner suffisamment d'argent pour construire une école ou une bibliothèque. Quand j'ai quitté sa maison ce soir-là, j'ai pris conscience qu'il était temps pour moi d'accroître la taille de mes rêves.

L'une des valeurs les plus importantes que j'ai découvertes dans de bonnes entreprises de marketing de réseaux est qu'elles font ressortir toute l'importance de poursuivre et de vivre vos rêves. Le producteur bien en vue que nous avions visité n'exhibait pas ses biens matériels simplement pour chercher à épater. Son épouse et lui ont parlé au groupe du mode de vie qu'ils avaient atteint afin d'inspirer tous les membres du groupe à vivre leurs rêves. Il ne s'agissait plus ici de la grande maison, des jouets ou de ce que tout cela avait coûté. Il s'agissait plutôt d'inspirer les autres à réaliser leurs rêves.

Détruire le rêve

Dans *Père riche, père pauvre*, j'écrivais que mon père pauvre disait constamment: «Je ne peux pas me le payer.» J'écrivais aussi que mon père riche défendait à son fils et à moi-même de dire ces mots. Au lieu de cela, il exigeait que nous disions: «Comment puis-je me le permettre?» Bien que ces deux phrases soient très simples, la différence entre les deux était très importante aux yeux de mon père riche. Il disait: «Le simple fait de vous demander à vous-même: *"Comment puis-je me permettre telle ou telle chose?"* vous autorise à caresser des rêves de plus en plus grands.»

Mon père riche disait aussi: «Méfiez-vous des gens qui veulent détruire vos rêves. Il n'y a rien de pire qu'un ami ou un être aimé qui cherche à détruire vos rêves. Il y a des gens qui pourraient innocemment ou pas nécessairement en toute innocence dire des choses telles que:

1. «Tu ne peux pas faire cela.»

2. «C'est trop risqué. Sais-tu combien de gens échouent?»

3. «Ne sois pas ridicule. Où donc vas-tu chercher de telles idées?»

4. «Si c'est une si bonne idée, pourquoi personne d'autre ne l'a-t-il pas utilisée auparavant?

5. «Oh, j'ai essayé cela il y a plusieurs années. Laisse-moi te dire pourquoi ça ne marchera pas.»

J'ai remarqué que les gens qui détruisent les rêves des autres sont des personnes qui ont renoncé à leurs propres rêves. Quand vous considérez la pyramide éducationnelle mentionnée précédemment, les rêves proviennent souvent du côté spirituel de l'apprentissage, et les gens qui détruisent les rêves des autres ont tendance à provenir du côté émotionnel de la pyramide.

Pourquoi les rêves sont importants

Mon père riche expliquait l'importance des rêves de la façon suivante: «Être riche et être capable de s'offrir une grosse maison, cela n'est pas important. Mais il est important de faire des efforts, d'apprendre, de faire de ton mieux pour développer ton pouvoir personnel afin de t'offrir la grosse maison. Ce que tu deviens toi-même dans le processus qui consiste à être en mesure de t'acheter la grosse maison, voilà ce qui est important. Les gens qui rêvent de petits rêves continuent de vivre leurs vies de petites gens.»

Et comme le disait mon père riche: «Ce n'est pas la maison qui est importante.» Mon épouse Kim et moi-même avons possédé deux très grandes maisons... et je suis d'accord pour dire que ce n'était pas la grandeur de la maison ou le fait de devenir riche qui était important. C'était la grandeur du rêve qui l'était davantage. Quand mon épouse et moi étions sans le sou, nous nous sommes fixés l'objectif d'acheter une grande maison lorsque nous aurions plus d'un million de dollars. Quand notre entreprise a rapporté plus d'un million de dollars, nous avons acheté notre première grande maison et l'avons revendue peu de temps après. Nous l'avons vendue parce que nous voulions à ce moment-là réaliser un nouveau rêve.

En d'autres mots, la maison et le fait de gagner un million de dollars ne constituaient pas le rêve. La maison et l'argent étaient les symboles que nous étions devenus des gens qui pouvaient réaliser leurs rêves. Aujourd'hui, nous possédons de nouveau une grande maison, et encore une fois la maison n'est que le symbole du rêve que nous avons réalisé. Notre grande maison n'est pas le rêve; c'est ce que nous sommes devenus en cours de route qui est le rêve.

Mon père riche le disait en ces termes: «Les êtres qui voient grand ont de grands rêves et ceux qui voient petit ont de petits rêves. Si vous voulez changer ce que vous êtes, commencez par modifier la grandeur de votre rêve.» Quand j'étais sans le sou et que j'ai perdu la plus grande partie de mon argent, mon père riche m'a dit: «Ne laisse jamais ce revers financier temporaire diminuer la grandeur de ton rêve. C'est la vision de ton rêve qui t'aidera à surmonter cette dure période de ta vie.» Il disait aussi: «Être sans le sou c'est quelque chose de passager; être pauvre c'est éternel. Même si tu es sans le sou, cela ne te coûte rien de rêver d'être riche. Plusieurs personnes pauvres le sont parce qu'elles ont renoncé à rêver.

Différents types de rêveurs

Quand je fréquentais l'école secondaire, mon père riche m'a expliqué qu'il y avait cinq sortes de rêveurs. Les voici:

1. **Des rêveurs qui rêvent au passé.** Mon père riche disait qu'il y avait bien des gens dont les plus grandes réalisations dans la vie étaient derrière eux. Al Bundy de la comédie de situation *Married with Children* à la télévision est l'exemple classique de quelqu'un dont les rêves sont derrière lui. Pour ceux qui ne connaissent peut-être pas cette comédie de situation, Al Bundy est un adulte qui revit constamment ses années d'école secondaire, alors qu'il était une vedette de football ayant marqué quatre touchés au cours d'une seule partie. Voilà un exemple d'une personne qui continue de rêver au passé.

   Mon père riche dirait ceci: «Une personne qui rêve au passé est un être dont la vie est finie. Cette personne doit se créer un rêve dans l'avenir pour revenir à la vie, pour vraiment revivre.»

   Ce ne sont pas seulement les anciennes vedettes de football qui vivent dans le passé. D'autres exemples de gens qui continuent de vivre dans le passé sont ces personnes qui se délectent encore du fait qu'ils ont décroché de bonnes notes à l'époque, qu'ils ont été le roi ou la reine du bal d'étudiants, qu'ils ont obtenu un diplôme d'une université prestigieuse, ou été dans l'armée. En d'autres mots, leurs meilleurs jours sont derrière eux.

2. **Des rêveurs qui rêvent seulement de petits rêves**

   Mon père riche disait: «Ce type de rêveurs ne rêve que de petits rêves car ils veulent avoir l'assurance de pouvoir les réaliser. Le problème est qu'ils ne les réalisent jamais même s'ils savent très bien qu'ils peuvent les réaliser.»

Je n'arrivais pas à comprendre ce type de rêveurs jusqu'au jour où j'ai demandé à un homme: «Si vous aviez tout l'argent du monde, où partiriez-vous en voyage?»

Sa réponse fut la suivante: «Je m'envolerais pour la Californie pour rendre visite à ma sœur. Je ne l'ai pas vue depuis 14 ans et j'aimerais beaucoup la voir. Je voudrais y aller avant que ses enfants ne soient grands. Ce serait mes vacances de rêve.»

J'ai alors dit: «Mais le voyage ne vous coûterait environ que 500 $. Pourquoi ne partez-vous pas aujourd'hui même?

– Oh, je vais y aller mais pas aujourd'hui. Je suis trop occupé en ce moment.»

Après avoir rencontré cet individu, j'ai pris conscience que ce type de rêveurs était plus courant que je ne le croyais. Ces personnes vivent leurs vies avec des rêves qu'ils savent pouvoir réaliser, mais ils ne semblent jamais parvenir à trouver le temps de vivre vraiment leurs rêves. Plus tard dans le cours de leurs vies, vous pouvez les entendre dire: «Vous savez, j'aurais dû faire cela il y a des années, mais je n'ai jamais trouvé le temps de le faire.»

Mon père riche disait: «Ce type de rêveurs est souvent le plus dangereux. Ils vivent comme des tortues, bien à l'abri dans le silence de leurs propres chambres capitonnées. Si vous frappez sur la carapace et jetez un coup d'œil par une des ouvertures, ils font souvent un mouvement brusque en avant et vous mordent.» La leçon à en tirer consiste à laisser rêver les tortues rêveuses. La plupart ne vont nulle part et cela leur convient parfaitement.

3. **Des rêveurs qui ont réalisé leurs rêves et qui ne se sont pas fixés un nouveau rêve**. Un de mes amis m'a

dit un jour: «Il y a 20 ans je rêvais de devenir médecin. Je le suis devenu et à présent je trouve la vie fade. J'aime être un docteur mais il me manque quelque chose.»

Voilà un exemple de quelqu'un qui a réussi à réaliser son rêve et qui continue de vivre dans ce rêve. L'ennui est habituellement le signe qu'il est temps de passer à un nouveau rêve. Mon père riche dirait: «Plusieurs personnes exercent les professions auxquelles elles ont rêvé à l'école secondaire. Le problème est qu'elles ne sont plus à l'école secondaire depuis des années. C'est maintenant le temps d'un nouveau rêve et d'une nouvelle aventure.»

4. **Des rêveurs qui rêvent de grands rêves mais qui n'ont pas un plan précis pour les réaliser**. Au bout du compte, ils finissent par ne rien réaliser. Je crois que nous connaissons tous quelqu'un dans cette catégorie. Ce sont des gens qui disent: «Je viens tout juste de faire une découverte capitale. Laissez-moi vous parler de mon nouveau plan.» Ou bien: «Cette fois-ci les choses seront différentes.» Ou encore: «Je tourne maintenant la page une fois pour toutes.» Ou bien: «Je vais travailler plus dur, payer mes factures et investir.» Ou encore: «Je viens tout juste d'entendre dire qu'une nouvelle entreprise vient s'établir en ville et qu'elle est à la recherche d'un candidat ayant mes qualifications professionnelles. Ce pourrait être la chance de ma vie.»

Mon père riche disait: «Bien peu de gens réalisent leurs rêves de leur propre initiative. Les gens de cette catégorie essaient souvent de réaliser beaucoup de choses. Ils s'y essaient et le font seuls. De telles gens devraient continuer à rêver grand, s'établir un plan et trouver une équipe qui les aidera à réaliser leurs rêves.»

5. **Des rêveurs qui rêvent de grands rêves, réalisent ces rêves, et qui continuent à rêver des rêves plus**

grands encore. Je crois que la plupart d'entre nous aimeraient être ce genre de personnes. Quant à moi, c'est ce que je souhaiterais.

L'une des choses les plus rafraîchissantes qui me soient arrivées alors que je me renseignais sur certaines entreprises de marketing de réseaux est que je me suis retrouvé moi-même à rêver des rêves encore plus grands. Ce genre d'entreprises encouragent les gens à rêver de grands rêves et à réaliser leurs grands rêves.

Plusieurs entreprises traditionnelles ne veulent pas que leurs employés rêvent des rêves personnels. Il m'arrive trop souvent de rencontrer des gens dont les amis ou eux-mêmes travaillent pour des entreprises qui détruisent activement les rêves d'une personne. J'appuie l'industrie du marketing de réseaux car c'en est une composée de personnes qui veulent sincèrement que les gens rêvent de grands rêves. Cette industrie encourage ensuite ces gens dans la réalisation de leurs rêves.

Si vous êtes une personne possédant de grands rêves et que vous aimeriez aussi appuyer d'autres gens à concrétiser leurs grands rêves, alors une entreprise de marketing de réseaux est définitivement le genre d'entreprise qui vous convient. Au début, vous pouvez commencer votre entreprise à temps partiel, puis à mesure que votre entreprise grandira, vous pourrez aider d'autres gens à créer leur propre entreprise à temps partiel. Une entreprise et des gens qui en aident d'autres à réaliser leurs rêves, voilà une valeur pour laquelle il vaut la peine de travailler.

RÉSEAU #7

Valeur #6 :
Quelle est la valeur d'un réseau ?

*E*n 1974, alors que je travaillais pour la société *Xérox* à Hawaii, j'ai passé une période difficile à essayer de vendre un produit connu sous le nom de télécopieur *Xérox*. J'éprouvais de la difficulté à vendre ce télécopieur car c'était un nouveau produit. Non seulement c'était un produit relativement récent, mais on me posait généralement la question suivante: «Eh bien, qui d'autre en possède un?» En d'autres mots, posséder un télécopieur n'était d'aucune valeur si personne d'autre n'en possédait un..., c'est-à-dire un réseau d'autres télécopieurs.

Aujourd'hui, la plupart des gens appellent le télécopieur un «fax». À mesure que de plus en plus de gens ont utilisé ces nouveaux «fax», la valeur du télécopieur a augmenté... et les ventes sont devenues beaucoup plus faciles à réaliser. J'ai passé dix années à me débattre afin de vendre ces nouvelles machines; à présent chaque entreprise se doit de posséder un «fax». La valeur du télécopieur ou du «fax» a grimpé à partir du moment où ce phénomène s'est transformé en un *réseau* de télécopieurs.

La loi de Metcalf

Robert Metcalf est l'une des personnes à qui l'on attribue le mérite d'avoir créé *Ethernet**. Plus récemment il a également fondé le *3 Com Corp*, qui produit le populaire *Palm Pilot*. On lui reconnaît aussi d'avoir défini la loi de Metcalf, laquelle s'énonce comme suit:

- La valeur économique d'un réseau = Nombre d'utilisateurs^2

Formulation en des termes plus simples

S'il n'existe qu'un seul téléphone, cela n'a vraiment aucune valeur économique. À partir du moment où il y a deux téléphones, conformément à la loi de Metcalf, la valeur économique du réseau de téléphone est maintenant élevée au carré. La valeur économique du réseau passe alors de 0 à 4. Ajoutez un troisième téléphone, la valeur économique du réseau est maintenant de 9. En d'autres mots, la valeur économique d'un réseau augmente exponentiellement et non pas arithmétiquement parlant.

L'ancienne économie par opposition à la nouvelle économie

Le pouvoir de la loi de Robert Metcalf est plus apparent quand vous comparez une entreprise de l'ancienne économie avec une entreprise de la nouvelle économie. *AOL (America On Line)* est une entreprise de la nouvelle économie ayant littéralement des millions d'entreprises et de gens dans son réseau. Parce que *AOL* est un grand réseau, le marché boursier

---

* Note de la traduction: Nom de réseau local développé par Xérox utilisant des câbles coaxiaux pour transmettre des données à haut débit et qui emploie aussi des techniques de détection de collision.

accorde une bien plus grande valeur à cette entreprise qu'à une autre de l'ancienne économie... et vu que sa valeur est plus élevée, *AOL* avait le pouvoir économique nécessaire pour acheter *Time Warner*, une entreprise de l'ancienne économie bien établie depuis longtemps.

Note des auteurs: Le *Time Warner Trade Publishing* est l'éditeur de la série de livres *Père riche, père pauvre*. Je mentionne ceci parce que *Time Warner* demeure une entreprise formidable aux idées avancées avec laquelle s'associer même si on peut la qualifier d'entreprise de l'ancienne économie.

Des individualistes qui tiennent à leur indépendance par opposition aux réseaux

Au cours de la génération de mes parents, des gens comme John Wayne étaient les héros du cinéma de l'époque. Dans le domaine des affaires, les héros étaient des géants d'entreprises tels que John D. Rockefeller et J.P. Morgan. Ce sont des hommes qui ont construit de véritables empires industriels. Ces hommes ressemblaient beaucoup à John Wayne: c'était des êtres forts, indépendants... des individualistes farouches. Ce modèle de gens d'affaires continue d'être bien vivant et de bien se porter de nos jours.

Cependant, dans les années cinquante, de nouveaux types de modèles d'entreprises et de gens d'affaires se sont mis à émerger. Un de ces modèles d'entreprises est connu sous le nom de franchise. Une franchise est une forme de réseau d'entreprises, un réseau composé de plusieurs propriétaires d'entreprises travaillant ensemble. Quand les franchises ont apparu pour la première fois, plusieurs entreprises de la vieille école les ont critiquées, certaines affirmant même qu'elles étaient illégales.

De nos jours, nous savons tous que le propriétaire d'une franchise de *McDonald's* a beaucoup plus de puissance effective que l'individualiste qui tient à son indépendance et qui lance son propre casse-croûte à hamburgers. Si un *McDonald's* s'installe près du casse-croûte indépendant de notre individualiste farouche, il y a de fortes chances que ce dernier fasse bientôt faillite.

Comme n'importe quelle nouvelle entreprise qui débute, une nouvelle franchise ne représente pas une grande valeur, tant et aussi longtemps que ne s'y rajoutent pas de plus en plus de franchisés. Je me souviens avoir vu le premier *Mail Boxes Etc.* et m'être demandé ce que c'était. Soudainement, l'entreprise a connu une croissance explosive grâce à la multiplication de ses franchises. En quelques années seulement, je me suis mis à voir des *Mail Boxes Etc.* à tous les quelques kilomètres alors qu'hier encore je me demandais même ce que c'était. C'est un autre exemple de la loi de Metcalf en action.

Dans mon voisinage, une petite entreprise de courrier et de colis, qui avait été en affaires depuis des années, fut forcée de faire faillite quand une franchise de *Mail Boxes Etc.* a ouvert ses portes dans le même centre commercial. L'individualiste qui tient à son indépendance a de nouveau perdu aux dépens du réseau.

Le second type d'entreprises de réseaux

Le second type d'entreprises de réseaux est connu aujourd'hui sous le nom de marketing de réseaux. Au lieu d'un réseau d'entreprises franchisées, nous avons affaire ici à un réseau d'individus franchisés. Ce second type d'entreprises de réseaux a été très critiqué à ses débuts et continue de l'être. Et pourtant l'industrie poursuit sa croissance dans plusieurs domaines autrefois contrôlés par le monde de l'entreprise traditionnelle. La raison pourquoi l'industrie continue de grandir est attribuable au pouvoir que l'on peut trouver dans la loi de Metcalf.

Une opportunité pour chacun d'exploiter le pouvoir de la loi de Metcalf

Toute la beauté du marketing de réseaux réside dans le fait qu'il a rendu accessible, à l'individu moyen et à des gens comme vous et moi, le pouvoir de la loi de Metcalf... mais vous devez obéir à cette loi. Si vous vous conformez aux principes de la loi, le simple fait de vous joindre à une entreprise de marketing de réseaux est un excellent début, mais cela ne vous rend pas apte à exploiter ce pouvoir. C'est comme si vous achetiez un téléphone mais que vous êtes seul à posséder un téléphone.

Dans le but d'exploiter ce pouvoir, votre travail consiste à «cloner» ou à «dupliquer» quelqu'un comme vous qui est disposé à travailler dans le même sens. À partir du moment où vous êtes deux ensemble, votre valeur économique est élevée au carré. La valeur de votre réseau vient tout juste de passer de 0 à 4. À partir de l'instant où vous êtes trois ensemble, la valeur économique de votre réseau passe de 4 à 9. Si les deux personnes que vous faites entrer dans le réseau amènent également deux autres personnes chacune, la valeur économique de votre réseau commence à ressembler à une fusée décollant vers la lune. Au lieu de s'échiner laborieusement du point de vue mathématique, votre valeur commence à croître de façon exponentielle. Voilà le pouvoir et la valeur d'une entreprise de marketing de réseaux.

À mon avis, le fait de travailler dur à bâtir un réseau est beaucoup plus sensé que de travailler dur en tant qu'individu.

Imaginez la différence entre le nombre de pierres que vous pourriez transporter vous-même d'un point A à un point B, et le nombre de pierres que neuf personnes comme vous pourraient transporter entre les mêmes points A et B. Même si vous ne gagnez que 10 % de ce que les 8 autres personnes font, vous gagnez en fait 80 % sans aucun effort de votre part.

À long terme, un associé d'une entreprise de marketing de réseaux couronné de succès a le potentiel de gagner davantage que la plupart des professionnels tels que les médecins, les avocats, les comptables et d'autres individualistes qui tiennent à leur indépendance. La différence et le pouvoir sont expliqués au moyen de la loi de Metcalf... une valeur très importante d'une entreprise de marketing de réseaux.

L'avenir du travail de marketing de réseaux

Aujourd'hui, de grandes firmes indépendantes commencent à travailler en réseaux. Comme *Time Warner* qui a décidé de s'associer avec *AOL*. Ces deux énormes entreprises joignant leurs forces pour travailler en réseaux ont le potentiel de créer un super pouvoir dans le monde des affaires.

La Toile mondiale, ou Internet, est en train d'ébranler l'économie mondiale. De plus en plus d'entreprises et de gens peuvent désormais fonctionner comme un réseau car toutes les informations sont communiquées instantanément par Internet. Les gens indépendants et les individualistes farouches auront toujours leur place dans le monde des affaires, mais je prédis que l'avenir sera plus reluisant et profitable pour les personnes et les entreprises qui choisiront de travailler en réseaux.

RÉSEAU #8

Valeur #7:
Comment vos valeurs déterminent
votre réalité

«**A** lors pourquoi les valeurs personnelles ont-elles de l'importance quand on veut se lancer en affaires et créer une entreprise?» m'a-t-on demandé dans une classe où j'enseignais comment démarrer et bâtir une entreprise.

J'ai pris un moment de réflexion avant de répondre car c'était une question importante. J'ai fini par dire: «Parce que nos valeurs déterminent nos réalités de tous les jours.»

Quelqu'un a levé la main pour demander: «Comment cela se produit-il?»

J'ai répondu: «Si pour une personne, c'est avant tout la sécurité d'emploi qui compte, il y a de fortes chances que sa réalité soit celle du quadrant E. Elle voit le monde à partir du quadrant E et se demande pourquoi certaines personnes possèdent l'entreprise pour laquelle elles travaillent, tout en étant à l'emploi de cette même entreprise. Beaucoup de gens ne parviennent pas à comprendre que leurs valeurs fondamentales déterminent leur réalité. Ils ne peuvent pas discerner les valeurs fondamentales d'une personne du quadrant P, de la personne pour laquelle ils travaillent, car les valeurs sont invisibles en soi. D'autre part, les valeurs entre les personnes dans les différents quadrants ne sont pas les mêmes.»

La personne qui avait posé la question s'est rassise en silence et s'est exclamée: «Oh! oh!»

J'ai alors enchaîné: «Les gens qui accordent beaucoup de valeur à leur indépendance, à leur individualisme, à accomplir des choses de leur propre initiative, ou bien qui aiment être des experts dans leur profession, auront généralement la réalité d'une personne du quadrant T. Ils se diront à eux-mêmes: *Si tu veux que les choses soient bien faites, fais-les toi-même.* Ou encore: *Je n'arrive pas à trouver de bons employés de nos jours, des gens qui veulent vraiment travailler.*

J'ai regardé tous ces étudiants, ces adultes assis en face de moi, et je me suis rendu compte que la plupart d'entre eux étaient en train d'analyser leur propre système de valeurs fondamentales.

«Donc, si les gens ne changent pas leurs valeurs, ils éprouveront peut-être de la difficulté à changer de quadrant», a repris la personne qui avait posé la première question.

– Ça, c'est ma réalité», ai-je dit avec un petit rire. «Du moins, elle a du sens à mes yeux. Si une de vos valeurs fondamentales est la sécurité d'emploi, il est alors difficile de devenir une personne du quadrant P, pour qui c'est avant tout la liberté qui importe. Comme je l'ai dit précédemment, une personne du quadrant P mène une vie plutôt facile car d'autres travaillent pour elle. Mais il est difficile pour une personne du quadrant T de passer au quadrant P, tout simplement parce qu'elle ne croit pas que d'autres peuvent accomplir un aussi bon travail qu'elle-même peut le faire. Ce sont donc les valeurs fondamentales de cette personne qui déterminent ses réalités. Si vous attachez de la valeur à la sécurité d'emploi ou si vous ne croyez pas que d'autres peuvent effectuer un travail mieux que vous, alors ces valeurs fondamentales façonnent votre réalité du monde.»

Un jeune avocat a levé la main et a dit: «Si je pense que je suis le seul à pouvoir faire mon travail, je suis effectivement le seul à pouvoir faire ce travail. Est-ce bien ce que vous voulez dire quand vous affirmez que mes valeurs déterminent ma réalité?

– C'est un bon exemple», ai-je répliqué. «Une personne représentative du quadrant P va chercher et trouver des gens plus intelligents qu'elle ne l'est. Quand elle les trouve, elle est libre de faire autre chose. D'un autre côté, vous, vous travaillez dur à faire de l'excellent travail. Et comme vous faites du bon travail, de plus en plus de clients vous réfèrent à leurs amis. Le problème est le suivant: chaque nouveau client veut travailler uniquement avec vous. Alors vous travaillez de plus en plus dur, vous gagnez de plus en plus d'argent, mais au bout du compte, il y a une limite à ce que vous pouvez gagner pour la simple raison que, dans votre esprit, personne d'autre ne peut accomplir ce que vous pouvez faire aussi bien que vous.»

Le jeune avocat s'est assis silencieusement et a pris le temps d'approfondir le sens de mes paroles. Finalement il a dit: «Alors le fait d'être un avocat du quadrant T limite mes possibilités de gagner de l'argent parce mon temps est une ressource limitée. Si je devenais un avocat du quadrant P, il me faudrait changer mon système de valeurs fondamentales et croire que d'autres peuvent faire du meilleur travail que ce que je fais.

– Vous avez bien compris», ai-je répondu avec un grand sourire. «À vrai dire, la seule partie difficile sera de mettre en parallèle vos propres valeurs fondamentales.

– Mais pourquoi ont-ils besoin de moi s'ils sont plus intelligents que moi?» a demandé l'avocat.

– En ce moment, on croirait entendre parler vos valeurs fondamentales», ai-je dit en souriant. «C'est ce doute qui alimente vos valeurs fondamentales, et de là votre réalité. Puisque vous craignez que les gens plus intelligents que vous n'aient pas besoin de vous, vous tâcherez de devenir encore plus intelligent, et vous serez piégé une fois de plus. Puisqu'il vous faut être absolument le plus intelligent, il est difficile de faire confiance à quelqu'un d'autre qui, selon vous, n'est peut-être pas aussi intelligent que vous pour effectuer le travail. Les gens intelligents comme vous sont souvent pris au piège de leur propre petit monde qui exige qu'ils soient toujours de plus en plus intelligents.

«Vous vous souvenez peut-être que le T du quadrant T vaut aussi pour talentueux. Voilà pourquoi on trouve tant de gens intelligents et talentueux comme vous dans le quadrant T, tandis que le quadrant P est rempli de pantins comme moi. Quand mes professeurs d'école m'ont dit que j'étais stupide, j'ai décidé que je ferais de ma stupidité mon atout dans la vie. Vous devriez faire de votre intelligence votre atout dans la vie... de là nos réalités respectives et le fait que nous travaillons à partir de quadrants différents.

– Et voilà pourquoi vous vous débrouillez très bien dans le quadrant P pendant que je travaille très dur dans le quadrant T», a dit l'avocat en riant. «Par conséquent, je dois changer mes valeurs fondamentales avant de pouvoir devenir un avocat du quadrant P.

– Pour moi, en tout cas, cela paraît logique», ai-je dit. «Quand je ne suis pas d'accord avec quelqu'un, c'est souvent à propos de nos valeurs fondamentales. Et c'est pourquoi j'entends souvent des gens me dire que de se lancer en affaires est risqué. Ou qu'il est difficile de trouver des gens compétents aujourd'hui. Ou encore, certaines personnes soutiennent en me parlant qu'on ne peut pas obtenir un rendement des investissement de 1000 % en un mois. Quand j'entends des déclarations empreintes de tant d'émotion, je suis persuadé d'être à l'écoute d'une valeur fondamentale qu'on a perturbée. Voilà pourquoi les valeurs sont si importantes quand on envisage de changer de quadrant.

– Donc, quand une personne prétend qu'il y a des risques à se lancer en affaires, elle l'affirme souvent conformément à ses valeurs personnelles, qui dans ce cas-ci privilégient le fait de se sentir en sécurité.»

En faisant signe que oui, j'ai répliqué: «Telle a été mon expérience.» Réfléchissant un moment, j'ai enchaîné: «J'entends des gens dire que de se lancer en affaire est risqué. J'entends cela tout le temps. Quand je leur demande ce qu'ils font pour gagner leur vie, la plupart sont des employés ou des travailleurs autonomes. L'idée de démarrer une entreprise ou d'investir en risquant leur argent ébranle leurs valeurs fondamentales.»

Quelqu'un au fond de la salle a alors levé la main. «Mais n'est-il pas vrai qu'il est risqué de démarrer une entreprise? N'est-ce pas un fait que la plupart des jeunes entreprises font faillite au cours des 5 premières années?» Le ton de cette voix dénotait un réel sentiment de panique.

– Je crois entendre de nouveau la voix d'une valeur fondamentale», ai-je répliqué.

– C'est pourtant la vérité», a répondu la personne. «Les faits sont que 95 % des nouvelles entreprises font faillite au cours des 5 premières années de leur existence.

– Oui, ce sont les faits», ai-je répliqué. «Et tout ce que je dis c'est qu'en ce moment même je crois que c'est votre valeur fondamentale qui s'exprime.

– Mais les faits sont les faits», a répondu la personne en haussant le ton. «J'ai payé pour assister à ce cours sur le démarrage d'une entreprise et vous ne m'avez pas dit comment avoir raison des faits. Tout ce que vous avez fait au cours des 20 dernières minutes se résume à un tas d'inepties concernant les valeurs fondamentales et les réalités.

– Répétez-moi donc encore ces faits», ai-je dit avec calme, ne voulant pas l'irriter davantage.

– Les faits sont les suivants: 95 % des gens qui passent du quadrant E au quadrant P font faillite au cours des 5 premières années. Je suis venu ici pour apprendre à ne pas faire faillite. Je ne veux pas entendre parler de valeurs.»

J'ai pris une profonde inspiration et j'ai répondu: «Je suis d'accord avec vos faits. Mais ce que vous ne parvenez pas à discerner, c'est que 5 % des nouvelles entreprises réussissent. Les gens dont le souci de sécurité constitue une solide valeur fondamentale ne voient souvent que les 95 % qui font faillite, et pas les 5 % qui réussissent.

– Alors comment dois-je faire pour ne pas faire partie des 95 % qui font faillite?» a demandé cette personne qui commençait à se calmer quelque peu.

– En changeant votre valeur fondamentale en ce qui a trait à la sécurité», ai-je répondu. «Votre valeur fondamentale qui privilégie la sécurité d'emploi ne vous permet de voir que les 95 % qui n'ont pas réussi. C'est votre réalité. Et cette réalité fait en sorte que vous ne voyez que les risques et les échecs.

– Et vous, voyez-vous les gens qui ont réussi?» a demandé la même personne qui recommençait à s'agiter et à argumenter.

– Oui», ai-je dit. «Je peux voir Bill Gates, fondateur de *Microsoft*, et Anita Roddick, fondatrice de *The Body Shop*. Je vois aussi les gens qui ont réussi dans ce monde. Et en voyant ce qu'ils possèdent, cela vaut amplement les 95 % de risques.

– Eh bien, c'est facile pour vous de parler ainsi parce que vous avez réussi», a-t-il soutenu. «Vous faites partie des 5 % qui ont réussi.

– Oui, j'ai réussi», ai-je dit. «Mais j'ai connu le succès parce que j'ai aussi accepté le risque de faire partie des 95 % qui échouent.» Si vous lisez *Père riche, père pauvre (la suite): Le Quadrant du CASHFLOW*, le chapitre d'introduction porte sur une période de notre vie où mon épouse et moi avons été sans domicile durant trois semaines. Nous étions sans domicile parce que j'avais échoué. J'ai fait deux fois partie de la statistique des 95 % qui échouent avant de réussir.

– «Aujourd'hui, je continue de faire partie occasionnellement de cette statistique des 95 % qui ne réussissent pas. Plusieurs de mes opérations commerciales à risque du quadrant P ont récemment échoué. J'ai perdu des millions de dollars de mon argent et de celui de mes investisseurs... mais je n'ai jamais perdu de vue les 5 % qui réussissent. C'est ça ma réalité. Je me concentre sur les 5 % qui réussissent et c'est ce qui me permet de franchir le grand gouffre que représentent les 95 % qui échouent. Les gens qui parviennent dans le quadrant P sont capables de discerner aussi bien les 95 % d'échecs que les 5 % de succès. Ceux qui tiennent à leur sécurité d'emploi ne voient que les 95 % d'échecs.

– Mais ne détestez-vous pas échouer? N'est-ce pas un sentiment terrible?» a demandé la même personne, quelque peu radoucie.

– Je déteste cela plus que la plupart des gens», ai-je dit. «Je hais tellement l'échec que je m'en sers comme motivation pour avancer dans la vie. Quand mes deux premières entreprises ont fait faillite, je me suis senti très mal, très longtemps. Puis un jour j'ai pris conscience que le fait de m'apitoyer sur mon sort ne faisait que m'empêcher d'avancer. J'ai assumé ma souffrance et j'ai commencé à effectuer des changements dans ma vie. Je me suis mis à étudier pour comprendre ce qui avait causé ma perte, mon échec. J'ai utilisé la souffrance occasionnée par mon échec et j'en ai fait ma véritable raison de gagner. Mon père riche m'a alors dit: "Les perdants utilisent l'échec comme prétexte pour continuer de perdre. Les gagnants utilisent l'échec comme motivation pour gagner." Il a dit aussi: "Les plus grands perdants du monde sont les gens qui évitent de perdre." Il a ajouté: "Les perdants sont toujours très reconnaissables : ce sont eux qui te diront pourquoi tu ne réussiras pas ou pourquoi ce que tu t'apprêtes à faire est trop risqué."

– Alors, comment gérez-vous le risque?» a demandé la même personne.

– Le risque fait partie de l'apprentissage», ai-je dit. «Le risque fait partie de la vie. Chaque fois que nous montons dans notre voiture et que nous empruntons la route, nous prenons un risque, un très gros risque. Quand j'étais enfant, notre voisin est parti travailler un matin et il n'est jamais revenu. Il a été tué dans un accident de voiture à quelques pâtés de maisons de chez lui. Pourtant, les gens continuent de conduire malgré la gravité des risques. Ceux qui évitent les risques s'empêchent aussi de vivre et d'apprendre.

– Pourquoi parlez-vous d'une chose aussi horrible que la mort de votre voisin?» a demandé la personne qui continuait d'argumenter sur la question du risque.

– Parce que le fait de passer dans le quadrant P et de devenir riche est bien moins risqué que de conduire sa voiture ou d'aller à vélo», ai-je dit. Toutefois, compte tenu de vos valeurs fondamentales, devenir riche peut vous sembler bien plus risqué que de conduire une auto. La "conduite" d'un quadrant à un autre se passe à l'intérieur de vous. Quand vous conduisez votre voiture de votre maison à votre travail, cela se passe à l'extérieur de vous... et c'est vraiment risqué même si vous êtes un bon conducteur.»

Qu'est-ce qu'il y a derrière vos valeurs fondamentales?

Le cours était presque terminé. Il restait environ dix minutes. La personne qui avait discuté avec ferveur du taux de 95 % de faillites des entreprises n'était pas convaincue et bien d'autres étudiants non plus. Je me rendais compte que la leçon de ce jour sur les valeurs fondamentales qui déterminent la réalité des gens avait touché une corde sensible chez certains d'entre eux... et cette corde ne résonnait pas très harmonieusement dans leur tête.

Une étudiante qui était restée assise calmement pendant la plus grande partie de ce cours a soudain levé la main pour dire: «Donc, si les valeurs déterminent la réalité, alors qu'est-ce qui détermine les valeurs d'une personne?

– Très bonne question», ai-je répondu en souriant. «J'espérais que quelqu'un la poserait.» Je me suis tourné vers le tableau-papier et j'ai dessiné le schéma de la pyramide d'apprentissage.

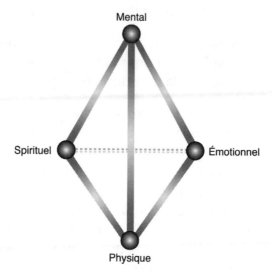

Puis me retournant vers le groupe, j'ai enchaîné: «Comme je l'ai dit précédemment, pour qu'une formation change votre vie, le processus éducatif doit influer sur vous par le moyen des quatre côtés de la pyramide d'apprentissage. Par exemple, il est impossible d'apprendre à conduire une voiture sans le faire physiquement.

– Est-ce que le fait d'apprendre à conduire une auto et celui d'apprendre à changer de quadrant sont deux choses semblables?» a demandé un participant.

– Oui... c'est le même processus», ai-je répliqué. «Laissez-moi seulement mettre en évidence les différences qui existent entre les valeurs fondamentales. Disons que vous êtes terrifié à l'idée de conduire une voiture. Quelles valeurs cette peur génère-t-elle? Qu'allez-vous penser mentalement et qu'allez-vous faire physiquement?»

La classe a réfléchi pendant un moment. Finalement, l'un des étudiants a dit: «Si j'étais réellement terrifié à l'idée de conduire une voiture, j'aurais tendance à rester chez moi davantage. Je penserais que conduire est dangereux. Je regarderais tous les reportages sur les accidents de la circulation à la télé. Le fait de voir tous les accidents au bulletin d'information m'inciterait encore davantage à rester à la maison, à regarder plus de télé, et à voir tous les horribles accidents de la circulation.

– Merci», ai-je dit. «C'était là une très bonne description.» Parcourant la classe entière du regard, j'ai alors dit: «Qui donc parmi vous aimerait vivre sa vie de cette façon?»

Personne n'a levé la main.

«Alors, laissez-moi vous poser la prochaine question», ai-je dit avec un grand sourire. «Qui parmi vous aime conduire malgré les risques que cela comporte?»

Des mains se sont levées partout dans la classe.

«Combien d'entre vous ont déjà emprunté une longue route déserte, balayée par le vent, ou une voie magnifique le long d'une côte, ou bien un chemin tortueux à travers de majestueuses montagnes? Avez-vous ressenti en conduisant une émotion intense, presque spirituelle?»

De nouveau, de nombreuses mains se sont levées. Une participante a bondi de sa chaise et s'est écriée: «L'été dernier, j'ai pris ma petite voiture de sport rouge, j'ai baissé le toit ouvrant, et j'ai longé l'océan de Los Angeles jusqu'à San Francisco. C'est une des plus belles expériences de ma vie.»

Un autre étudiant a levé la main et a dit: «Récemment, je me suis promené en voiture avec ma famille sur les petites routes qui traversent les Rocheuses. C'était comme conduire à travers le paradis.»

Il restait encore de nombreuses mains levées, mais j'ai remercié ceux qui avaient partagé leurs expériences de conduite et je me suis tourné vers mon schéma. Le temps était désormais écoulé, il fallait maintenant lever la séance. Désignant du doigt la pyramide d'apprentissage, j'ai dit : «Pour les gens qui attachent de la valeur à la sécurité d'emploi, l'énergie derrière cette valeur provient du côté émotionnel de la pyramide d'apprentissage.»

Quelqu'un a alors levé la main en disant : «Vous voulez dire que derrière les valeurs d'une personne on retrouve ses émotions?

– Pas toujours», ai-je dit. «Dans le cas d'une personne qui attache beaucoup d'importance à la sécurité d'emploi, je dirais que c'est la peur qui détermine toute l'importance accordée à cette sécurité d'emploi qui, à son tour, détermine la réalité de cette personne. En exagérant à peine, on peut dire qu'une personne terrifiée à l'idée de perdre sa sécurité d'emploi ressemble à une autre terrifiée à l'idée de conduire son auto, et qui reste à la maison à regarder les nouvelles à la télé portant sur les accidents les plus terribles.

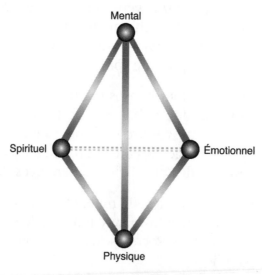

144

– Est-ce aussi la peur qui commande la valeur fondamentale du quadrant T?» a demandé une autre personne.

– Il en va ainsi dans bien des cas», ai-je répliqué. «Mais c'est une autre sorte de peur. C'est cette peur qu'on appelle le manque de confiance. Il arrive que ces personnes n'aient confiance qu'en elles-mêmes... ou seulement en ces gens à qui ils sont sûrs de pouvoir se fier. C'est cette peur occasionnée par le manque de confiance qui fait de ces gens des individualistes qui tiennent à leur indépendance, ne se fiant qu'à quelques personnes et accomplissant des choses de leur propre initiative.

«C'est ce manque de confiance en d'autres personnes qui crée leur réalité. Dans bien des cas, cela limite leur potentiel bénéficiaire tout comme la sécurité d'emploi limite le potentiel bénéficiaire de la personne du quadrant E. Je vous demande de ne pas perdre de vue que ce sont là des généralisations très larges. Ce n'est pas une science exacte. Nous sommes tous "câblés" différemment, et nous réagissons tous différemment à des situations différentes. Nous avons tous déjà éprouvé de la peur et de la méfiance. Des gens différents réagissent tout simplement différemment à ces émotions.»

Un étudiant s'est levé et a dit: «Êtes-vous en train de dire que mes émotions de peur et de manque de confiance sont derrière mes valeurs fondamentales? Mes émotions me retiennent enfermé dans le quadrant T?

– Eh bien, vous seul pouvez répondre à cette question», ai-je répliqué. «Comme je l'ai déjà dit, ceci n'est pas une science exacte et chacun de nous est différent. Après ce cours, je vous recommande de prendre le temps de vous asseoir en silence et de vous poser à vous-même cette question. Découvrez par vous-même vos propres réponses personnelles.»

L'étudiant est demeuré debout à réfléchir à ce que je venais de dire. Insatisfait de ma réponse, il a alors demandé: «Quelles sont donc les émotions derrière vos valeurs fondamentales dans les quadrants P et I?

– C'est la question que j'attendais», ai-je dit. «Une fois que j'aurai répondu à cette question, le cours sera terminé. Il n'en tiendra alors qu'à vous de réfléchir à vos propres réponses et à vos propres valeurs.

– Quelle est donc votre réponse?» a crié un étudiant qui, depuis 15 minutes, semblait sur le point de partir. Il se tenait debout à la porte de la classe mais ne voulait pas quitter avant d'entendre la réponse.

– Ma réponse est la suivante: ce qui stimule mes valeurs fondamentales dans le quadrant P ne se trouve pas dans le côté émotionnel de la pyramide d'apprentissage. Selon moi, l'énergie derrière mes valeurs fondamentales dans le quadrant P se trouve dans le côté spirituel de la pyramide.

– Le côté spirituel?» a demandé l'étudiant debout dans l'encadrement de la porte. «Comment cela est-il possible?

– Parce que le côté émotionnel et le côté spirituel sont à l'opposé l'un de l'autre», ai-je dit. Par exemple, à la place de la sécurité d'emploi, je recherche la liberté. La liberté est un idéal très spirituel et la sécurité est une idée ou une valeur très émotionnelle. En ce qui a trait aux gens du quadrant T, c'est la peur de ne pas faire confiance à d'autres personnes qui les garde enfermés dans le quadrant T. Je le répète, c'est la peur qui détermine cette valeur fondamentale.

D'autre part, la confiance est un idéal très spirituel. La confiance mène à la liberté tandis que la peur conduit à s'enfermer soi-même.»

Le groupe est resté silencieux à la suite de cette affirmation. L'étudiant qui était sur le point de partir est revenu s'asseoir à sa place. Ce dernier qui avait été le plus sceptique de tous a alors dit: «Donc, c'est cette vision de liberté et de confiance en vous-même et dans les autres qui vous a permis de continuer malgré tous vos échecs en affaires.

– C'est exact», ai-je dit. «Mais en plus de cette confiance en moi-même et en d'autres gens, j'ai une immense confiance en Celui que la plupart des gens désignent sous le nom de Dieu. Je vous rappelle que je ne suis pas une personne très religieuse... mais j'ai vraiment une immense confiance en un Dieu, en une puissance tellement grande que cela dépasse mon entendement. Et parce que j'ai cette confiance, je crois énormément en ma capacité de réussir même quand les choses deviennent très difficiles. Il existe une grande différence entre croire en Dieu et avoir confiance en Dieu. Mon père riche avait l'habitude de dire: "Plusieurs personnes croient en Dieu mais très peu de gens ont vraiment confiance en Dieu. S'ils avaient davantage confiance en Dieu, ils seraient moins craintifs et plus remplis de confiance." C'est ma confiance en Dieu, en une Puissance supérieure, qui en fin de compte m'a soutenu dans les quatre quadrants.

– Par conséquent, même si vos entreprises ont fait faillite à deux reprises, vous n'avez jamais perdu confiance», a dit l'étudiant qui peu de temps auparavant s'était montré sceptique.

J'ai fait signe que oui. J'ai marqué un temps pour réfléchir aux dernières paroles que j'allais prononcer: «Mon père riche disait: "La vision, la confiance et la foi agissent de concert. Il te faut avoir confiance si tu veux acquérir la vision d'un avenir meilleur et plus brillant. Si ta confiance et ta foi sont faibles, ta vision l'est aussi. Et si ta vision et ta confiance

sont faibles, ton avenir ressemblera à ce que tu vis aujourd'hui."»

En me dirigeant vers la porte, j'ai remercié le groupe. La
plupart des gens étaient restés assis sur leurs sièges. Me tournant vers eux, j'ai dit: «Je vais vous laisser sur certains mots
que mon père riche m'a adressés... des mots qu'il a pro-
noncés après la faillite de ma seconde entreprise, alors que
j'étais de nouveau sans le sou. Il a dit: "N'oublie jamais que
tes valeurs déterminent ta réalité. Mais n'oublie pas non plus
que tu peux choisir entre la peur ou la confiance pour déterminer tes valeurs."»

Note de l'auteur: J'ai fait une série de cassettes audio intitulée *Rich
Dad's Secrets* avec *Nightingale-Conant*. Ces cassettes traitent des différences entre la peur et la confiance, la sécurité et la liberté, l'échec et la
réussite. Le secret de mon père riche était d'être un homme possédant
une immense confiance... et c'est cette confiance qui l'a finalement sorti
de la pauvreté et l'a fait devenir l'un des hommes les plus riches de
l'État d'Hawaii. Mon père riche savait qu'il ne pourrait jamais échouer...
et c'était là son secret. Il savait que l'échec fait partie du processus de la
réussite.

Si vous êtes comme moi et prenez plaisir à écouter des
cassettes éducatives qui éduquent autant qu'elles inspirent,
cette série de cassettes audio vous conviendra parfaitement.
L'avantage des cassettes audio est que vous pouvez les écouter tout en faisant autre chose, et vous pouvez les écouter
aussi souvent que vous voulez.

Tout un honneur de travailler avec *Nightingale-Conant*

En 1974, j'ai écouté ma première série de cassettes audio
de *Nightingale-Conant*. Le grand succès commercial d'Earl
Nightingale *Lead the Field* a été pour moi un véritable cadeau.
À cette époque, je travaillais chez *Xérox Corporation*, à acquérir
de l'expérience dans le domaine de la vente et à préparer

mon évasion vers le quadrant P. Le fait d'écouter les cassettes d'Earl Nightingale et d'autres séries de cassettes provenant de son entreprise ont fortifié mon esprit au cours de mes années de peur et de doute.

Comme vous le savez, nous éprouvons tous de la peur et du doute. La différence entre les gens qui réussissent et ceux qui échouent est leur façon de réagir face à cette peur et à ce doute. Chaque fois que je ressens de la peur ou du doute, je découvre souvent une cassette audio conçue par quelqu'un que j'admire et je l'écoute à plusieurs reprises. Le fait d'écouter sur cassettes des gens qui ont réussi est une bonne façon de bombarder le «côté mental» de ma pyramide d'apprentissage dans le but de renforcer le côté spirituel de ma pyramide.

Cela faisait déjà plus de 26 ans que j'avais écouté pour la première fois une cassette audio d'Earl Nightingale quand j'ai reçu un coup de fil de l'entreprise qu'il avait fondée. Cette entreprise, *Nightingale-Conant*, m'invitait à faire ma propre série de cassettes audio en collaboration avec elle.

Alors que j'étais assis à leur table de conseil d'administration dans leurs bureaux de Chicago, environné des cassettes audio d'autres grands pédagogues, j'ai dit au groupe rassemblé autour de la table: «Je suis honoré d'être ici aujourd'hui mais ce n'est pas parce que je vais faire une série de cassettes avec vous. Je suis honoré d'être ici pour la simple raison que *je suis un fervent auditeur de vos produits*. Si ce n'était de votre bibliothèque de produits éducatifs, je ne serais pas assis à cette table aujourd'hui.»

Une cassette unique conçue spécialement pour les entreprises de marketing de réseaux

Comme vous pouvez le voir, je préconise fortement un enseignement qui dure toute la vie... surtout un enseignement dans le quadrant P. Étant donné que j'appuie avant tout l'aspect du perfectionnement personnel et de l'enseignement de la plupart des entreprises de marketing de réseaux, *Nightingale-Conant* et moi-même avons conçu une cassette unique tout spécialement pour l'industrie du marketing de réseaux. La cassette peut être utilisée autant comme un *outil éducatif* que comme un *outil de marketing* bon marché à laisser entre les mains de gens qui veulent être les promoteurs de votre entreprise.

Si vous vous consacrez à un enseignement qui dure toute une vie, je vous suggère d'inclure *Nightingale-Conant* comme une source d'éducation des quadrants P et I. Je collabore avec cette entreprise depuis 1974 et la valeur de leurs produits éducatifs est encore omniprésente en moi aujourd'hui. Je dois une bonne partie de ma réussite à ses produits, et je vous souhaite le même succès. C'est pourquoi je suis honoré de travailler avec cette excellente organisation.

RÉSEAU #9

Valeur #8 :
La valeur du leadership

U ne fois l'an, mon père pauvre souhaitait la bienvenue à des centaines de nouveaux enseignants employés dans son secteur scolaire. Quand j'étais petit garçon, je me souviens très bien de l'avoir vu debout sur l'estrade s'adressant à la foule avec beaucoup d'assurance et de sincérité. J'étais très fier de voir tous ces gens assis dans la salle à écouter mon père avec grande attention.

J'ai vu mon père riche, à plusieurs occasions, s'adresser à des centaines de ses employés lors de la fête annuelle du personnel de l'entreprise. Je m'assoyais aussi à l'arrière de la salle quand mon père riche prenait la parole en présence de son conseil d'administration et de ses principaux investisseurs, leur expliquant clairement le passé, le présent et l'avenir de ses entreprises.

Dès mon jeune âge, j'ai compris toute l'importance de posséder le talent de la parole, mais bien plus que le seul simple fait de savoir parler, j'ai pris conscience de la valeur que représente la capacité de diriger et d'inspirer. Après avoir examiné les divers programmes éducatifs de plusieurs entreprises de marketing de réseaux, j'ai constaté que le leadership est l'un des plus importants talents que ces entreprises développent chez les gens.

Nous possédons tous ce talent mais on offre à bien peu de gens parmi nous l'occasion d'être formés, le temps nécessaire pour y parvenir, et les opportunités d'exploiter vraiment ce talent. Il en découle que seules quelques personnes parviennent à développer ces connaissances élémentaires très importantes dans la vie. Comme mon père pauvre le disait: «Beaucoup de gens parlent mais bien peu sont écoutés». Mon père riche disait: «L'argent afflue toujours vers le leader. Si tu désires avoir plus d'argent, deviens davantage un leader».

Les capacités de leadership ne sont pas optionnelles

Mon père riche disait aussi: «Il y a des leaders dans les quatre quadrants. Mais il n'est pas nécessaire que vous soyez un leader pour réussir dans chaque quadrant... à l'exception du quadrant P. Dans le quadrant P, les capacités de leadership ne sont pas optionnelles». Il ajoutait ce qui suit: «L'argent ne va pas nécessairement à l'entreprise qui offre les meilleurs produits ou services. L'argent afflue vers l'entreprise qui possède les meilleurs leaders et la meilleure équipe de gestion.»

Si vous observez le Quadrant du *CASHFLOW*, vous y trouverez des leaders dans chaque quadrant.

Mon père pauvre, par exemple, était un leader dynamique dans le quadrant E tandis que mon père riche était un leader dans les quadrants P et I. Mes deux pères insistaient sur l'importance de développer mes capacités de leadership dès mon plus jeune âge. C'est pourquoi mes deux pères m'ont recommandé de me joindre aux scouts, de pratiquer des sports et de m'enrôler dans l'armée. Quand je repense à

la formation qui a le mieux contribué à ma réussite professionnelle et financière, je dirais sans hésiter que ce ne sont pas les matières que j'ai étudiées à l'école mais la formation que j'ai reçue dans le scoutisme, les sports et l'armée.

Au début des années 1970, alors que je me préparais à quitter l'armée et à faire mon entrée dans le monde des affaires dans le quadrant P, j'entends encore mon père riche me dire: «On peut trouver des leaders dans chaque quadrant. Mais il n'est pas nécessaire d'être un leader pour réussir dans chaque quadrant... sauf pour le quadrant P. Dans le quadrant P, les capacités de leadership ne sont pas optionnelles» Je me souviens m'être dit à moi-même au moment de franchir l'entrée principale de ma dernière base militaire: «*Je me demande si mes capacités de leadership suffiront?*»

Ceux d'entre vous qui savent ce qui m'est arrivé après avoir quitté les forces armées sont déjà au courant que la formation de leadership que j'ai reçue chez les scouts, dans les sports et dans les forces armées n'était pas suffisante pour relever les défis qui m'attendaient dans le quadrant P du monde des affaires. L'une des plus grandes valeurs d'une entreprise de marketing de réseaux est la formation de leader que vous y recevrez... une formation qui vous procurera l'éducation, le temps, et les occasions de développer l'un de vos talents les plus importants en affaires... le leadership, un atout absolument nécessaire pour réussir dans le quadrant P.

Chaque fois que je rencontre des gens des quadrants E ou T qui éprouvent de la difficulté à faire la transition vers le quadrant P, je découvre souvent des gens possédant de grandes capacités techniques ou administratives, mais ayant peu d'aptitudes sur le plan du leadership. Par exemple, un ami d'un ami est venu un jour me voir car il voulait rassembler des fonds pour ouvrir son propre restaurant. C'est un chef cuisinier brillant, ayant une excellente formation et plusieurs années d'expérience en fine cuisine. Il avait en tête un nouveau concept unique en son genre pour son restaurant, un plan d'affaires bien conçu, de formidables prévisions financières, un local exceptionnel déjà choisi, et une clientèle qui allait le suivre dans son nouveau restaurant. Il lui fallait seulement trouver une personne prête à investir les 500 000 $ dont il avait besoin.

Cela fait cinq ans qu'il m'a fait part de son projet et j'ai rejeté son offre comme plusieurs autres investisseurs potentiels l'ont fait. Il travaille encore comme employé dans le même restaurant et il est toujours en quête des 500 000 $ pour lancer son entreprise. Le local initial lui a glissé entre les doigts car il n'a pas réussi à rassembler les fonds nécessaires, mais il m'assure qu'il peut découvrir un autre local si seulement il parvient à trouver quelqu'un qui investira dans son rêve.

Même si ce qu'il m'avait proposé semblait parfaitement conforme, je n'ai pas investi dans son projet. Je ne sais pas pourquoi les autres investisseurs n'ont pas investi non plus, mais je peux vous dire pourquoi je n'ai pas investi. Ce n'est pas parce que j'ai pensé que ce serait un investissement risqué ou que ça ne marcherait pas. Je crois que son restaurant aurait connu le succès... mais je n'ai quand même pas investi. Voici les raisons pourquoi je n'ai pas investi:

1. Même s'il avait de l'expérience, du charme et du charisme, il ne possédait pas les capacités de leadership essentielles pour inspirer confiance.

2. Quoiqu'il était capable d'ouvrir un restaurant et de le diriger avec succès, je doutais qu'il puisse en faire une grande chaîne de restauration. Son manque de confiance se reflétait dans ses mots: «Je vais réussir mais j'aurai toujours un petit restaurant».

Quand vous observez le Quadrant du *CASHFLOW*, la différence entre le quadrant T et le quadrant P réside dans la proportion. Par exemple, si vous entendez quelqu'un dire: «Je veux ouvrir un casse-croûte où je vendrai des hamburgers au coin de la 6e rue et de la rue Vine», vous comprendrez aussitôt que cette personne a de fortes chances de rester prisonnière du quadrant T pendant longtemps.

D'un autre côté, si vous entendez quelqu'un dire: «Je veux vendre des hamburgers à chaque coin de rue important de toutes les principales villes du monde, et j'appellerai cette entreprise *McDonald's*», vous saurez tout de suite qu'il veut ouvrir le même genre de restaurant que la personne précédente, mais qu'il veut le faire en utilisant le quadrant P. En d'autres termes, c'est le même type de restaurant qui sert des hamburgers mais à partir de quadrants différents. Mon père riche aurait dit: «La différence dans le volume des affaires provient de la différence dans le leadership».

3. Par conséquent, je n'ai pas investi parce que je doutais de pouvoir récupérer un jour mon investissement. Non pas parce que je croyais que l'entreprise allait échouer. Je craignais qu'il ne me rembourse pas parce que son entreprise serait probablement restée petite, tout en étant couronnée de succès. Et s'il m'avait remboursé, il l'aurait fait sur une très longue période de temps, et cela aurait enfreint mes principes d'investisseur, basés sur la rapidité de remboursement de mon argent. En d'autres mots, mon argent aurait été lié à son investissement au lieu d'être réinvesti dans d'autres placements. Ce concept est aussi appelé la vélocité d'un investissement en capital.

L'autre raison pourquoi je n'ai pas investi c'est parce que s'il devait demeurer une petite entreprise, pourquoi alors investirais-je? J'aurais été excité à l'idée d'investir s'il avait eu l'intention de devenir une grosse entreprise et de transformer mes 500 000 $ en dizaines de millions de dollars. C'est le prix à payer quand on n'a pas le leadership nécessaire pour faire passer une entreprise du quadrant T à une entreprise du quadrant P. Comme le disait mon père riche: «L'argent ne va pas nécessairement à l'entreprise qui offre les meilleurs produits ou services. L'argent afflue vers l'entreprise qui possède les meilleurs leaders et la meilleure équipe de gestion.»

4. La quatrième raison pourquoi je n'ai pas investi avec lui, c'est parce qu'il lui fallait être le membre le plus

intelligent de son équipe. Il avait un problème d'ego. Comme mon père riche disait souvent : « Si tu es le leader de ton équipe et que tu es également la personne la plus intelligente de cette dernière, ton équipe aura des ennuis. » Mon père riche voulait dire que dans plusieurs entreprises des quadrants T et P, le chef de l'entreprise est souvent la personne la plus intelligente. D'ailleurs, quand vous avez besoin d'un dentiste ou d'un docteur, vous n'allez pas voir une secrétaire pour vos soins médicaux et dentaires.

Dans un quadrant d'affaires P, les capacités de leadership sont importantes, pour la simple raison que la personne du quadrant P doit négocier avec des gens qui sont plus intelligents, plus expérimentés, et plus capables qu'elle-même. Par exemple, j'ai souvent vu mon père riche, un homme sans instruction négocier avec des banquiers, des avocats, des comptables et des conseillers financiers, dans l'accomplissement de son travail. La plupart d'entre eux avaient des maîtrises et certains des doctorats. En d'autres mots, pour accomplir son travail, il devait diriger et orienter des gens qui étaient bien plus instruits que lui dans plusieurs domaines professionnels différents. Afin de rassembler des fonds pour son entreprise, il a souvent fait affaire avec des gens bien plus riches que lui.

Dans bien des cas, une personne du quadrant T ne fait affaire qu'avec le client, les pairs tels que les médecins, les avocats et leurs subordonnés. Pour réussir la transition vers le quadrant P, il est souvent nécessaire de faire un progrès considérable en ce qui a trait aux capacités de leadership.

Pour le chef cuisinier, le leadership était optionnel

Un jour, ce même ami d'un ami – le chef cuisinier – m'a téléphoné pour me demander pourquoi je n'avais pas investi avec lui. Je lui ai vaguement rappelé les quatre raisons dont je vous ai fait part précédemment. Quelque peu blessé et sur la défensive, il m'a répondu: «Mais je possède la meilleure formation du monde. Des chefs cuisiniers du monde entier rêvent de fréquenter la même école culinaire que la mienne. J'ai plusieurs années d'expérience, pas seulement en cuisine mais aussi dans la gestion d'un restaurant. Comment pouvez-vous dire que mes capacités de leadership sont insuffisantes?»

Après lui avoir expliqué patiemment mon point de vue, lui disant que l'argent, la confiance et le leadership vont de pair, il a commencé à comprendre ce que je voulais lui dire... pourtant je pense qu'il n'a vraiment pas tout saisi. Finalement, il a dit: «Mais pourquoi donc ai-je besoin de ces aptitudes de leadership quand j'ai une telle formation et autant d'années d'expérience?» Quand je lui ai suggéré de se joindre à une entreprise de marketing de réseaux qui enseignait la formation commerciale de même que le développement des qualités de leader, il s'est fâché et il a dit: «Je suis dans le domaine de la restauration, et je n'ai plus besoin de formation commerciale ou de développer mes qualités de leadership». J'ai compris qu'à ses yeux une formation commerciale à long terme et le développement continuel des qualités de leadership étaient optionnels.

La meilleure formation du monde

Comme je l'ai mentionné au début de cet ouvrage, l'une des plus importantes valeurs que j'ai découvertes dans certaines entreprises de marketing de réseaux est leur formation d'affaires qui peut changer notre vie. J'y ai aussi trouvé l'un des meilleurs programmes de perfectionnement du monde dans le leadership des affaires. À mes yeux, ces programmes sont inestimables.

Depuis que j'ai fait ma recherche, j'ai laissé tomber mes préjugés concernant l'industrie du marketing de réseaux. J'ai rencontré par la suite plusieurs entrepreneurs couronnés de succès et qui avaient reçu leur formation commerciale dans une entreprise de marketing de réseaux. Récemment, j'ai rencontré un jeune homme qui a gagné des centaines de millions de dollars grâce à l'industrie de l'informatique. Il m'a dit: «Pendant des années, je n'ai été qu'un jeune programmeur d'ordinateur. Un jour, un ami m'a amené à une rencontre et j'ai adhéré à son entreprise de marketing de réseaux. Pendant des années, je n'ai fait que me rendre à des rencontres, assister à des rassemblements, lire des livres et écouter des cassettes. Aujourd'hui, j'ai des centaines de cassettes et des piles de livres dans mon placard qui me rappellent cette époque.

«Au bout du compte, j'ai non seulement réussi dans l'industrie du marketing de réseaux, mais grâce à ce que j'y ai appris, j'ai quitté rapidement mon emploi de programmeur et j'ai démarré ma propre entreprise en informatique. Il y a trois ans, j'ai introduit ma compagnie d'informatique en Bourse et j'ai fait des centaines de millions de dollars. Je n'aurais pas fait autant d'argent sans la formation que j'ai reçue de cette entreprise de marketing de réseaux. C'est la meilleure formation du monde que j'ai suivie dans les domaines du développement des affaires et du leadership.»

Les leaders s'adressent à votre esprit

Au cours de ma recherche, j'ai participé à plusieurs rencontres et à d'importants rassemblements. Lors de ces événements, j'ai entendu certains des meilleurs leaders du monde des affaires... ils parlaient pour inspirer d'autres gens à rechercher leur propre grandeur personnelle. Tandis que j'entendais plusieurs de ces individus raconter leurs histoires qui commençaient avec un rien et qui devenaient la richesse même bien au-delà de leurs rêves les plus fous, j'ai compris que ce genre d'entreprise accomplissait la même chose que mon père riche me disait de faire... et c'était de devenir un leader. Je l'ai cité précédemment quand il disait: «L'argent afflue toujours vers le leader. Si tu veux davantage d'argent, deviens un meilleur leader». J'ai pris conscience que les meilleures entreprises de marketing de réseaux avaient des programmes éducatifs qui formaient les gens à devenir des leaders... et non pas de meilleurs vendeurs.

Quand vous regarderez les schémas des pyramides d'apprentissage suivants, vous y trouverez deux styles de communications complètement différents.

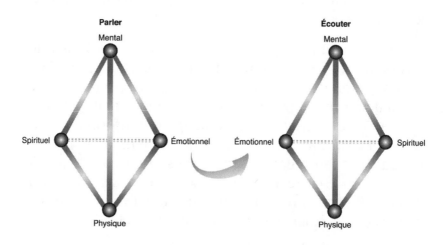

S'adresser aux émotions en utilisant la peur et la cupidité

La plupart des gens aujourd'hui, incluant nos soi-disant leaders, parlent souvent d'émotion à émotion. Ils parlent souvent en se servant de la peur ou de la cupidité.

Les gens qui parlent d'émotion à émotion disent souvent des choses telles que:

1. «Si tu n'obtiens pas de bonnes notes, tu ne décrocheras pas un bon emploi.»

2. «Si tu n'arrives pas à ton travail à l'heure, tu seras congédié.»

3. «Si vous m'élisez, je vais m'assurer que vous ne perdiez pas les prestations de la sécurité sociale.»

4. «Joue sûr. Ne prends pas de risques superflus.»

5. «Joins-toi à mon entreprise. Tu pourras faire beaucoup d'argent.»

6. «Laisse-moi te montrer comment devenir riche rapidement.»

7. «Fais comme je te le dis.»

8. «Comme tu le sais, l'entreprise passe une dure période. Si tu ne veux pas être congédié, tu ferais bien de ne pas demander une augmentation.»

9. «Tu ne peux pas te permettre de démissionner. Qui donc te paiera autant que nous?»

10. «Il ne te reste que huit ans avant la retraite. Ne fais donc pas de vagues.»

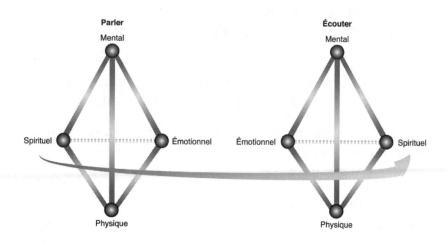

S'adresser d'esprit à esprit

Ce qu'un leader doit faire consiste donc à toucher l'esprit humain de l'autre personne en utilisant son propre esprit humain quand il parle. C'est un talent rare, surtout aujourd'hui. Et bien que rare, nous nous souvenons souvent quand de véritables leaders prennent la parole... car quand ils parlent, leurs mots touchent nos âmes et ces mêmes mots bien souvent écrivent l'histoire.

Vous vous souvenez peut-être de certains de ces mots qui ont touché nos âmes et plusieurs ont passé à l'histoire.

1. *«Le temps est proche où nous devrons déterminer si les Américains seront libres ou seront des esclaves.»*

George Washington

2. *«Donnez-moi la liberté ou donnez-moi la mort.»*

Patrick Henry

3. *«Souvenez-vous du fort Alamo*.»*
   Un cri de bataille texan

4. *«Il y a de cela quatre-vingt-sept ans.» Et aussi: «Est-ce que je ne détruis pas mes ennemis quand j'en fais mes amis?»*
   Abraham Lincoln

5. *«Vous ne pouvez pas retenir un homme au sol sans rester par terre avec lui.»*
   Booker T. Washington

6. *«Ne demandez pas ce que votre pays peut faire pour vous...»*
   John F. Kennedy

7. *«J'ai un rêve...»*
   Martin Luther King

8. *«Gagner est une habitude. Malheureusement, perdre en est une aussi.»*
   Vince Lombardi

9. *«Seule notre confiance individuelle en la liberté peut nous maintenir libre».*
   Dwight Eisenhower

10. *«Les lâches ne peuvent jamais avoir de sens moral».*
    Mahatma Gandhi

---

* Note de la traduction: Dans l'histoire américaine, le fort Alamo, dans la ville historique de San Antonio (Texas), qui a été encerclé et assiégé en 1836 par 7 000 soldats mexicains. Défendu par quelques centaines d'Américains du Texas, le fort a résisté longtemps aux troupes assiégeantes, mais il a dû, après 15 jours de lutte épuisante, céder aux forces supérieures des Mexicains. Dans l'héroïque défense du fort, tous les Américains combattants se sont fait massacrer, non sans avoir préalablement infligé de lourdes pertes à l'ennemi mexicain.

11. *«Ne soyez pas si humble, vous n'êtes pas si merveilleux».*

Golda Meir

12. *«Être puissant c'est comme être une femme. S'il vous faut dire aux autres que vous l'êtes, c'est que vous ne l'êtes pas.»*

Margaret Thatcher

13. *«Ne laissez pas ce que vous êtes incapable de faire affecter ce que vous pouvez accomplir».*

John Wooden

14. *«Mon meilleur ami est celui qui fait ressortir ce qu'il y a de meilleur en moi».*

Henry Ford

15. *«N'essayez pas de devenir un homme de succès mais devenez plutôt un homme de valeur».*

Albert Einstein

En plus d'offrir le formidable potentiel de devenir très riches, plusieurs entreprises de marketing de réseaux existent pour former des personnes d'une valeur de plus en plus grande. C'est pourquoi je crois que certaines entreprises de cette industrie sont inestimables.

RÉSEAU #10

Voici pourquoi l'industrie du marketing de réseaux va continuer de se développer

L'avenir de l'industrie du marketing de réseaux est très prometteur. Les changements économiques à venir et les tendances actuelles en cours feront en sorte que de plus en plus de gens seront attirés par l'industrie. Voici quelques-uns des changements et des tendances économiques que je prévois.

1. **Les gens veulent plus de liberté**. Elle est révolue l'époque où l'on prenait un emploi à l'âge de 25 ans pour y rester toute sa vie... à accomplir ce qu'on nous disait de faire afin de garder son emploi. De nos jours, on veut plus de mobilité, plus de choix et de liberté pour vivre notre vie, selon nos propres conditions. Une entreprise de marketing de réseaux à temps partiel permet de mieux contrôler sa vie et offre en fin de compte plus de liberté. Elle fournit des systèmes éprouvés et pour ceux qui sont pressés de faire un changement dans leur vie, je signale que les frais sont modiques pour entrer dans ce genre d'entreprise.

2. **Les gens veulent être riches.** En ce qui a trait à la génération de mes parents, les règles du jeu étaient les suivantes: Plus ces gens travaillaient dur, plus ils cumulaient d'années de service et mieux ils étaient rémunérés. Ce n'est que grâce à des augmentations de salaires progressives qu'ils parvenaient à gagner plus d'argent. Vers la fin de leurs vies actives, on pouvait les entendre dire: «Quand je me retirerai, mon revenu diminuera». En d'autres termes, mes parents supposaient qu'on travaillait dur toute sa vie pour finir dans la pauvreté. Aujourd'hui, il y a des jeunes de 25 ans qui n'ont jamais eu d'emploi et qui sont devenus milliardaires après avoir lancé une entreprise de logiciels. Parallèlement, on voit des personnes de 50 ans à la recherche d'un emploi et qui espèrent toucher 50 000 $ par année. Et ce qui est pire encore, ces personnes de 50 ans n'ont rien mis de côté ou presque en prévision de la retraite; elles ne pourront peut-être jamais se retirer. Ces gens de 50 ans n'ont pas nécessairement besoin d'un emploi mais d'un moyen de devenir riches et de maintenir un certain revenu pour le reste de leurs vies. Les entreprises de marketing de réseaux offrent cette possibilité en fournissant la formation, le mentorat et les systèmes d'entreprise afin d'aider ces personnes de 50 ans pour qu'elles puissent créer leur propre entreprise du quadrant P.

D'ici l'an 2010, qui n'est pas si loin, les premiers parmi les 75 millions de baby-boomers en Amérique auront atteint l'âge de 65 ans. Plusieurs d'entre eux se tourneront vers l'industrie du marketing de réseaux en vue d'établir cette sécurité permanente que leur emploi ne pouvait leur offrir. Qui plus est, quelqu'un qui bâtit avec succès une entreprise de marketing de réseaux a la possibilité de se joindre aux rangs des gens «ultrariches» de ce monde... beaucoup plus riches que bien des profession-nels instruits tels que les médecins, les avocats, les ingé-nieurs... et beaucoup plus riches aussi que bien des vedettes du sport, du cinéma et du rock. À l'approche de l'an 2010, bien des gens qui sont déjà dans une entre-prise de marketing de réseaux réussiront de façon ex-ceptionnelle car des millions de baby-boomers se tourneront vers eux.

3. **Les portefeuilles individuels de retraite seront à sec**. Dans toute l'histoire du monde, on n'a jamais vu autant d'individus miser l'argent de leurs années de re-traite à la Bourse. C'est là le meilleur moyen d'aboutir à un désastre financier.

Pour ce qui est de la génération de mes parents, les re-traités comptaient sur l'entreprise qui les avait embau-chés ainsi que sur le gouvernement fédéral pour leur fournir un flux de revenu afin d'assurer leurs années de retraite. En d'autres termes, ils n'avaient pas à se casser la tête avec la gestion de leur portefeuille de retraite parce que leur entreprise s'en occupait pour eux.

Aujourd'hui, une fois retiré, vous êtes plus souvent qu'autrement laissé à vous-même. Des millions de gens ont des régimes de retraite, et c'est tout ce qu'ils ont. Si leur compte vient à manquer de fonds, disons à l'âge de 78 ans, les retraités ne peuvent pas recourir à leurs an-ciens employeurs pour leur demander de l'aide.

D'ici l'an 2010, il y a de fortes probabilités que le marché boursier américain s'effondre, si ce n'est plus tôt. Adve-nant le cas, plusieurs régimes de retraite s'effondreront en même temps que le marché. Si cela se produit, des millions de gens ne pourront jamais se retirer ou jouir de cette agréable retraite dont ils avaient rêvé. Des per-sonnes ayant 2 millions de dollars en fonds communs de placement dans leur compte de retraite découvriront peut-être que leur portefeuille a été réduit de moitié. De plus, elles pourraient bien être obligées de payer un impôt sur les gains en capital qui pourrait hypothéquer la valeur résiduelle de leur portefeuille de retraite. Voilà le risque encouru quand on mise nos années de retraite sur du papier.

Comme je l'ai dit plus haut, jamais dans l'histoire de l'humanité a-t-on vu tant de gens parier leurs vies au gré des caprices de la Bourse. Si cet effondrement boursier survenait, des millions de personnes chercheraient à acquérir la sécurité financière par le moyen d'autres sources, telles que la création d'une entreprise du quadrant P que peut très bien vous fournir une entreprise de marketing de réseaux.

4. **Plus de gens vont comprendre**. À mesure que l'an 2010 approche, plus de gens s'ouvrent les yeux et prennent conscience que l'ère industrielle est terminée et que les règles de notre monde ont changé à jamais.

    En 1989, lorsque le Mur de Berlin a été démoli et que la Toile mondiale, l'Internet, a été érigée, les règles de notre monde ont changé. Plusieurs historiens de l'économie affirment que l'ère industrielle s'est alors terminée et que l'ère de l'information a commencé. Au cours de l'ère industrielle, il était de règle de travailler dur et que votre entreprise et le gouvernement s'occupent de vous. Au cours de l'ère de l'informatique, il est de règle que la meilleure chose à faire est de vous occuper de vous-même.

    Tel que mentionné précédemment, l'an 2010 est un point de référence intéressant parce que les membres de la génération du baby-boom commenceront alors à prendre leur retraite en Amérique. Il y a de fortes chances que ce phénomène provoque une déflation du marché boursier. Si une déflation galopante s'installe et que les gens retirent leur argent pour le mettre en sécurité, il peut s'ensuivre une panique et un krach boursier. Quand des gens perdent tout leur argent, ils deviennent déprimés, et si cette déprime atteint trop de gens, cela peut entraîner une crise économique. Quand le marché de la Bourse s'est effondré aux États-Unis en 1929, il a fallu presque 25 ans avant que le marché ne se redresse. Quand le prochain krach surviendra, si vous êtes alors âgé de 65 ans, il se peut que vous ne puissiez pas vous permettre d'attendre 25 ans pour que le marché se redresse.

Pourquoi donc y aura-t-il une déflation du marché boursier? La vague de prospérité du marché boursier entre 1990 et 2010 sera alimentée par les membres de la génération du baby-boom qui dépenseront leur argent alors qu'ils auront atteint les années les plus lucratives de leurs carrières; ils investiront aussi dans le marché boursier en prévision de leur retraite. D'ici l'an 2010, cette période d'essor pourrait se transformer en période d'effondrement... et avec cette crise s'évanouira le rêve de plusieurs membres de la génération du baby-boom d'une retraite assurée sur le plan financier. Quand le rêve d'une retraite paisible et sûre s'envolera, bien des gens prendront conscience que les anciennes idées de l'ère industrielle sont révolues. Je crois que cela prendra encore un autre 10 ans, c'est-à-dire jusqu'en l'an 2010, avant que les masses commencent à comprendre la situation. Quand de plus en plus de gens comprendront cet enjeu, la logique derrière le fait de bâtir votre propre entreprise, telle une entreprise de marketing de réseaux, prendra tout son sens. D'ici là, beaucoup de gens continueront de croire en la logique de l'ère industrielle qui consiste à travailler dur, à prendre sa retraite, et à laisser le gouvernement et l'entreprise s'occuper de vous pour le restant de vos jours.

5. **Un monde s'éveille.** D'ici l'an 2010, tandis que des membres de la génération du baby-boom achèveront leur période d'essor économique, un nouveau groupe de baby-boomers surgira en Asie. Au moment où la période d'essor économique se déplacera de l'Amérique vers l'Asie, des gens faisant partie d'entreprises de marketing de réseaux internationales seront en position de suivre cette tendance, tandis que leurs amis et leurs voisins craindront les réductions d'effectifs. En d'autres termes, au cours de l'ère de l'information, la personne qui convoitera votre emploi pourrait très bien ne pas vivre dans la même ville ou le même pays que vous. Au cours de l'ère de l'information, elle pourrait vraisemblablement vivre au Pakistan et être heureuse de travailler pour 20 $ par jour au lieu de 20 $/l'heure, en plus des avantages sociaux.

L'un des problèmes que je constate aujourd'hui chez trop d'Américains, c'est que la vague de prospérité a rendu plusieurs d'entre nous complaisants et trop sûrs de soi. Comme le disait mon père riche: «Quand les gens touchent de grosses sommes d'argent, ils pensent souvent que leur QI s'élève. Quand ils entrent en possession d'argent, ils se croient plus intelligents mais ils se mettent alors à agir de façon stupide. Plutôt que de s'élever, leur QI descend tandis que leur arrogance monte en flèche.» Si vous examinez ce qui arrive à des gagnants de la loterie ou à plusieurs vedettes du sport qui se mettent soudainement à gagner de grosses sommes d'argent, et qui se retrouvent peu après fauchés, vous verrez que les déclarations de mon père riche sont très valables.

Au moment où j'écris ces mots, le boom économique américain a établi sa domination sur le monde entier mais le marché boursier a déjà commencé à être volatile. La force du dollar américain a fait dévaluer les autres devises du globe. Notre revenu augmente et notre dette personnelle aussi. Jamais auparavant a-t-on vu autant d'Américains si sérieusement endettés. Beaucoup d'entre eux ont même emprunté de l'argent pour l'investir dans le marché boursier en espérant s'enrichir rapidement. Voilà de l'arrogance et non de l'intelligence. D'autre part, de nombreux Américains se saoulaient et faisaient la fête des nuits durant en raison de cet essor économique.

Au moment d'écrire ces lignes, les fuites dans cette économie d'abondance deviennent apparentes. Les entreprises *point.com* commencent à s'effondrer, les investisseurs commencent à être à court de valeurs technologiques ambitieuses et cherchent maintenant à se mettre à l'abri en achetant des actions plus traditionnelles. Aujourd'hui, la volatilité du marché boursier est surveillée de très près. Quand cette vague de prospérité s'achèvera, bien des gens perspicaces prendront conscience d'avoir fait preuve de sagacité en se joignant à une entreprise de marketing de réseaux avant même que cette période de prospérité n'arrive à sa fin.

Sir Isaac Newton a été ruiné lors d'une période d'abondance économique semblable à celle que nous vivons actuellement. Sir Isaac Newton est considéré par bien des gens comme l'un des plus grands génies du monde. Cependant, il a été lui aussi emporté par une vague de prospérité financière connue sous le nom de «The South Sea Bubble», qui dura de 1719 à 1722. Il a perdu la plus grande partie de sa fortune lors de la période de dépression qui a suivi cette période d'essor. Autrement dit, aussi intelligent qu'il pouvait être, il a quand même fait faillite dans l'euphorie économique de cette époque qui prônait de s'enrichir rapidement. Après avoir perdu la majeure partie de sa richesse, il a dit: «Je peux calculer les mouvements des corps célestes mais pas la folie des gens.»

6. **Une telle période de crise ne surviendra peut-être jamais**. Il se peut que l'histoire ne se répète pas. Il se peut aussi que la volatilité présente se stabilise, et que cette période d'essor que nous connaissons en ce moment continue pour toujours. Et peut-être que ceux qui considèrent l'intégrité logique du système d'une entreprise de marketing de réseaux se seront trompés. Et on a peut-être tort de vouloir être personnellement responsable de notre propre vie et de notre bien-être financier. Il se peut que la chose à faire consiste à attendre que notre employeur, le gouvernement et le marché boursier prennent soin de nous. Peut-être que le meilleur moyen d'obtenir la sécurité financière réside dans le fait d'emprunter de l'argent et de miser votre avenir financier sur le marché boursier. Si vous misez sur la chance pour décider de votre avenir au lieu de miser sur votre propre éducation permanente, c'est peut-être selon vous la chose intelligente à faire... mais je ne le crois pas.

Étant un Américain qui voyage à travers le monde, je crois que notre problème à nous, les Américains, c'est que nous avons tendance à vivre en vase clos. Le monde peut jeter un coup d'œil chez nous mais plusieurs Américains choisissent de ne pas regarder ailleurs. Le monde entier regarde les émissions de télévision américaines. Mais combien parmi nous ont déjà vu une émission de télé provenant de l'Inde, de la Chine ou de la Corée? Trop d'Américains ne se rendent pas compte à quel point le reste du monde assimile très rapidement les concepts du capitalisme... même les communistes sont en train de devenir des capitalistes de nos jours. Beaucoup trop d'Américains sont devenus mous, paresseux et ils s'attendent à ce que continue cette vie où foisonnent des emplois hautement rémunérés et de l'argent facile à gagner. Souhaitons-leur que cela perdure... mais je ne le crois pas.

Au cours de l'histoire, les crises ont toujours suivi les périodes d'essor. Pour bien des gens, cela pourrait représenter de mauvaises nouvelles. Cependant, cela peut aussi être de bonnes nouvelles pour d'autres. L'un des avantages de certaines entreprises de marketing de réseaux est que la terre est votre territoire. Si vous avez une entreprise de marketing de réseaux internationale, une crise économique peut s'avérer une aussi bonne nouvelle qu'une vague de prospérité. Et si vous pouvez considérer toutes les vagues de prospérité et toutes les crises comme étant de bonnes nouvelles, c'est aussi d'excellentes nouvelles pour votre âme et pour votre avenir financier.

Ce n'était là que quelques-unes des raisons pourquoi j'entrevois que l'avenir de l'industrie du marketing de réseaux deviendra de plus en plus brillant.

RÉSEAU #11

Demandez à votre « coach » de vous enseigner comment jouer à CASHFLOW® 101 et 202

*P*lusieurs entreprises de marketing de réseaux encouragent leurs gens à jouer à *CASHFLOW* comme partie intégrante de leurs programmes éducatifs continus. Il existe trois jeux différents dans cette série éducative de jeux de table que j'ai conçus pour donner aux gens le même bon départ financier que mon père riche m'a donné. Les trois jeux sont *CASHFLOW 101*, *CASHFLOW 202*, et *CASHFLOW for Kids®*.

Ces entreprises encouragent leurs gens à jouer régulièrement à ces jeux éducatifs:

1. Pour leur enseigner comment faire beaucoup d'argent et comment conserver l'argent qu'ils gagnent. Beaucoup trop de gens dans ce genre d'entreprise gagnent beaucoup d'argent et le dépensent ensuite en entier. Le jeu *CASHFLOW* enseigne aux gens comment conserver cet argent qu'ils gagnent en travaillant très dur et comment faire en sorte que cet argent travaille à leur service.

2. Pour avoir du plaisir tout en apprenant et pour discuter de leurs rêves et de leurs avenirs financiers.

3. Pour regrouper ensemble leurs équipes commerciales autour d'un outil éducatif. Plusieurs amitiés durables ont vu le jour à cause de ce jeu. Les amitiés se créent quand les gens ont quelque chose en commun... il s'agit dans ce cas-ci d'un jeu de table éducatif conçu pour améliorer l'avenir financier d'une personne. Les amitiés commencent quand les gens se rendent compte qu'il y a des personnes dans ce monde disposées à les aider à réaliser leurs rêves.

4. Pour faire connaître à de nouvelles personnes le pouvoir et les possibilités d'une entreprise de marketing de réseaux.

5. Pour changer en eux-mêmes la façon de penser des gens concernant l'argent. Mon père riche disait: «Si tu changes la façon de penser des gens, à l'intérieur d'eux, en ce qui a trait à l'argent, tu changes aussi leur vision de l'argent à l'extérieur d'eux-mêmes.»

Ce ne sont là que quelques-unes des raisons pourquoi plusieurs entreprises de marketing de réseaux ont adopté mes jeux *CASHFLOW*. Elles ont découvert que les jeux sont amusants, éducatifs, qu'ils font la promotion du travail en équipe et qu'ils servent d'outil pour faire connaître leurs entreprises à plus de gens. Vous n'avez qu'à demander à votre «coach» de vous montrer comment jouer. Même si vous ne restez pas dans ce genre d'entreprise, vous apprendrez beaucoup de choses sur la façon de gagner plus d'argent et de mieux gérer votre argent et vous-même.

RÉSEAU #12

Les meilleurs mentors du monde sont prêts à vous guider

O n me demande souvent: «Comment puis-je trouver un mentor?»

Ma réponse est la suivante: «Il y a plusieurs façons de trouver un mentor, et j'en ai eu plusieurs au cours de ma vie. J'ai découvert l'une des meilleures sources d'éminents mentors dans l'audiomagnétothèque de *Nightingale-Conant*.»

En 1974, quand j'ai quitté les Marines et que je me suis joint à la société *Xérox*, j'ai pris conscience que j'avais besoin d'acquérir de nouvelles aptitudes de leadership. Les capacités de leadership que j'avais développées dans les Marines, quoique inestimables et précieuses, ne marchaient pas toujours dans le monde des affaires. Dans les Marines, je pouvais crier: «Sergent Jackson, dites au peloton de prendre son service à 23 heures.» Le sergent Jackson répliquait alors: «Oui, monsieur.» Et cela se produisait souvent après une journée entière de dur labeur. Si j'avais essayé cela dans la vie civile, dans le monde des affaires, j'aurais probablement été poursuivi pour cruauté mentale et émotionnelle de même que j'aurais dû payer de nombreuses heures supplémentaires.

Me rendant compte que j'avais besoin de nouveaux modèles et mentors et de plus de formation, j'ai découvert par hasard l'audiomagnétothèque de *Nightingale-Conant*. Quand j'ai entrepris ma formation dans la vente et le domaine des affaires avec la société *Xérox*, j'ai complété ma formation en tant que telle grâce aux cassettes de *Nightingale-Conant*. Lorsque je me déplaçais en voiture vers mon travail et les bureaux de mes clients, j'écoutais ces leçons enseignées par certains des meilleurs pédagogues du monde, au lieu d'écouter de la musique rock comme le faisaient la plupart de mes pairs. Aujourd'hui, je dois une bonne partie de mon succès aux leçons que j'ai reçues de ces magnifiques mentors sur cassettes.

Pour ceux d'entre vous qui êtes sérieux en ce qui a trait à votre formation continue, je vous recommande fortement l'audiomagnétothèque de *Nightingale-Conant*. Même aujourd'hui, j'écoute leurs séries de cassettes au gymnase ou dans mon auto. À bien des égards, leur audiomagnétothèque est une des raisons pourquoi j'ai connu, lentement mais sûrement, de plus en plus de succès au fil des années.

En résumé

V oici les étapes que je vous recommande de suivre si vous pensez qu'une entreprise de marketing de réseaux pourrait vous convenir.

1. Décidez d'effectuer des changements dans votre vie.

2. Démarrez une entreprise de marketing de réseaux à temps partiel. Fixez-vous l'objectif de conserver cette entreprise pendant cinq ans, deux ans, un an ou six mois.

   Mon père riche disait: «C'est la ligne d'arrivée qui détermine la différence entre un gagnant et un perdant. Il importe peu aux gagnants de franchir la ligne d'arrivée en première ou en dernière place. L'important pour eux, c'est de franchir la ligne d'arrivée. Les perdants abandonnent avant de gagner. Les perdants courent chaque jour de leur vie 95 mètres d'une course de 100 mètres.»

3. Tenez-vous-en à votre objectif. Une fois que vous aurez pris votre décision, ne faites pas ce que font les gens qui ne réussissent pas... c'est-à-dire changer d'idée après avoir pris leur décision. Si vous décidez de conserver l'entreprise pendant au moins un an, assistez donc

pendant cette année-là à tous les événements que votre mentor vous recommandera. Vous voulez sûrement régénérer votre pensée profonde et vos valeurs fondamentales. Après ma cinquième réunion, j'ai découvert que mon esprit se mettait finalement à changer et que je commençais à voir des choses que je ne pouvais pas voir auparavant.

4. Définissez votre objectif. Voulez-vous:

- Gagner seulement quelques dollars de plus chaque mois?

- Gagner l'équivalent de votre emploi actuel?

- Devenir riche, ce qui représente un million de dollars par année?

- Devenir «ultrariche», ce qui représente au moins un million de dollars par mois?

5. Étudiez comme si votre vie en dépendait... car c'est le cas.

6. Rêvez en grand... et ne perdez jamais de vue votre rêve. Même si vous ne le réalisez pas un jour, il est de beaucoup préférable d'avoir un grand rêve et de le poursuivre jusqu'au bout que de rêver petitement et de réaliser un petit rêve. Comme disait mon père riche: «La différence entre une personne qui réussit et une autre qui connaît énormément de succès est la grandeur de leurs rêves.»

Par conséquent, que vous décidiez ou non de vous tailler un avenir dans une entreprise de marketing de réseaux... continuez de rêver de grands rêves. Qui sait? vos rêves se réaliseront peut-être un jour... alors ils pourraient tout aussi bien être des grands rêves!

Merci.
Robert T. Kiyosaki

À *propos des auteurs*

Robert T. Kiyosaki

Né et élevé à Hawaii, Robert T. Kiyosaki est un Japonais-Américain de la quatrième génération. Après avoir obtenu un diplôme universitaire à New York, Robert s'est enrôlé dans les Marines et est allé au Viêt-nam en tant qu'officier et pilote d'hélicoptère de combat.

À son retour, Robert a travaillé pour la société *Xérox*. En 1977, il a fondé une entreprise qui a mis sur le marché le premier portefeuille-ceinture en nylon et velcro et qui est devenue par la suite une multinationale valant plusieurs millions de dollars. En 1985, il a fondé une entreprise de formation internationale qui forme des dizaines de milliers d'étudiants dans les domaines des affaires et de l'investissement à travers le monde.

En 1994, Robert T. Kiyosaki a pris sa retraite à l'âge de 47 ans. Il a alors écrit *Père riche, père pauvre*. Peu après il a écrit

Père riche, père pauvre (la suite): Le Quadrant du CASHFLOW et Rich Dad's Guide to Investing. Ces trois livres sont couramment sur les listes des livres à succès du *Wall Street Journal*, du *Business Week*, du *New York Times*, du *E-Trade.com*, et bien d'autres. Robert a également créé son jeu de table éducatif *CASHFLOW* pour enseigner aux gens les mêmes stratégies financières que son père riche a mis des années à lui enseigner... les mêmes stratégies financières qui ont permis à Robert de prendre sa retraite à l'âge de 47 ans.

On entend souvent Robert dire: «Nous allons à l'école pour apprendre à travailler dur pour gagner de l'argent. J'écris des livres et je crée des produits qui enseignent aux gens comment faire en sorte que l'argent travaille entièrement à leur service... afin qu'ils puissent jouir des petits plaisirs de la vie dans ce monde formidable où nous vivons.

Sharon L. Lechter

Épouse et mère de 3 enfants, Sharon est comptable agréée et propriétaire d'entreprise. Elle consacre ses efforts professionnels dans le domaine de l'éducation.

Sharon a obtenu un diplôme de comptabilité avec grande distinction à l'université d'État de Floride. Elle a été par la suite l'une des premières femmes à joindre les rangs de ce qui était à l'époque l'une des 8 plus grandes firmes comptables au pays. De plus, elle a été chef des opérations financières d'entreprises en phase évolutive dans le domaine de l'informatique, administratrice fiscale auprès d'une compagnie d'assurance nationale, fondatrice et éditrice adjointe du premier magazine féminin du Wisconsin, et tout cela en conservant son titre professionnel de comptable agréée.

Tandis que ses enfants grandissaient, elle s'est engagée avec enthousiasme dans leur éducation. Elle est devenue une ardente militante dans le domaine de l'enseignement des mathématiques, de l'informatique, de la lecture et de l'écriture.

Par conséquent, elle a été ravie de s'associer avec l'inventeur du premier livre électronique parlant et elle a contribué à l'essor du livre électronique dont le marché global se chiffre aujourd'hui à des centaines de millions de dollars. Aujourd'hui, elle demeure une pionnière dans le développement de nouvelles technologies qui ramèneront l'instruction et l'éducation dans la vie des enfants.

«Notre système d'éducation actuel est dépassé par les changements technologiques qui façonnent maintenant notre monde. Nous devons enseigner à nos enfants les techniques, tant scolaires que financières, dont ils auront besoin non seulement pour survivre, mais pour prospérer dans ce monde.»

NOTES

NOTES

NOTES

NOTES

NOTES

NOTES

☐ Oui, faites-moi parvenir
le catalogue de vos
publications et les
informations sur vos
nouveautés

☐ Non, je ne désire pas
recevoir votre catalogue
mais seulement les
informations sur vos
nouveautés

OFFRE D'UN CATALOGUE GRATUIT

OFFRE SPÉCIALE

OFFRE SPÉCIALE

Nom: _____

Profession: _____

Compagnie: _____

Adresse: _____

Ville: _____ Province: _____

Cose postal: _____

Téléphone: (___) _____ Télécopieur: (___) _____

DÉCOUPEZ ET POSTEZ À:

Les éditions Un monde différent ltée
3925, Grande-Allée, Saint-Hubert,
Québec, Canada   J4T 2V8
Tél.: (450) 656-2660
Téléc.: (450) 445-9098
Site Internet: http: / / www.umd.ca
Courriel: info@umd.ca